Les secrets de l'ail

Remerciements
L'auteur tient à remercier particulièrement Marie Devouge pour ses conseils et sa relecture attentive.

Direction de la publication Isabelle Jeuge-Maynart et Ghislaine Stora
Direction éditoriale Catherine Delprat
Coordination éditoriale Clémence Thomas
Direction artistique Emmanuel Chaspoul
Conception graphique Anna Bardon
Couverture Véronique Laporte
Relecture, correction et mise en pages Edire
Fabrication Anne Raynaud

ISBN : 978-2-03-587288-3

Les secrets de l'ail

Bernard Montelh

LAROUSSE

SOMMAIRE

Connu et cultivé depuis la haute Antiquité, l'ail n'est pas une plante comme les autres. De nombreux pouvoirs, réels ou supposés, bons ou mauvais, d'ordre médical comme d'ordre magique, lui ont en effet souvent été prêtés. Grâce à sa facilité de culture, il est produit dans le monde entier, et ses nombreuses variétés en font le régal des gourmets.

Histoire, composition et culture

Portrait d'un ingrédient familier

L'ail cultivé est une plante potagère vivace. Le bulbe, ou tête d'ail, se compose de dix à quinze gousses, nommées caïeux en botanique. Il appartient à la famille des amaryllidacées, précédemment considérée comme une sous-famille des liliacées (en raison des bulbes), qui a désormais gagné son autonomie !

Qui est-il ?

Son nom scientifique, *Allium sativum*, recèle déjà un petit mystère : *sativum* signifie en effet « cultivé », ce qui est une façon d'avouer que l'on ne connaît pas son équivalent « sauvage ». **Originaire d'Asie centrale,** il dériverait d'*Allium longicuspis*, encore présent à l'état sauvage, ainsi que d'autres espèces de la même famille, dans les vastes plaines situées à l'est de la mer Caspienne (Kazakhstan, Ouzbékistan, Turkménistan, Kirghizistan, Tadjikistan).

Ce nom et cette origine indéterminée nous apprennent aussi que l'ail est cultivé depuis fort long-

Deux pluriels

En français, l'ail possède deux pluriels. Le plus ancien, des aulx (d'abord *alz* en ancien français) est le pluriel « régulier » des noms en -ail (travail, travaux). Il a cependant tendance à disparaître au profit du pluriel plus simple, des ails, utilisé par les botanistes. Les deux formes sont considérées comme correctes par l'Académie française.

temps. Il faut dire qu'outre ses qualités, dont nous allons abondamment parler dans cet ouvrage, il est **peu exigeant**, s'adapte aux climats tempérés comme aux climats chauds et se conserve pendant plusieurs mois. On comprend qu'il ait voyagé et fait souche partout, emporté et planté par les tribus nomades, les marchands, les conquérants, les explorateurs, vers le Moyen-Orient, la Grèce, la vallée du Nil, et jusqu'à celle du Yang Zi Jiang, en Chine, avant d'atteindre l'Europe, l'Afrique subsaharienne puis le Nouveau Monde dans les caravelles des *conquistadores*… L'ail s'est donc répandu dans le monde entier.

Des vertus reconnues de longue date

C'est la **civilisation égyptienne** qui nous donne de l'ail la plus ancienne représentation connue, avec des modèles de bulbes en argile, datant de 3750 ans avant notre ère, et des représentations picturales sur les mastabas, les monuments funéraires qui précédèrent les pyramides. C'est aussi vers le troisième millénaire avant notre ère qu'il est fait mention de l'ail dans les textes sumériens (dans l'Irak actuel), ainsi qu'en Chine. Vers 1 800 av. J.-C., on le retrouve dans les Veda, livres sacrés de l'hindouisme.

L'ail, en compagnie de ses cousins l'oignon et le poireau, occupe également une place de choix dans le premier recueil de recettes de cuisine connu, rédigé sur des tablettes babyloniennes datées de 1 700 ou 1 600 av. J.-C.

En Égypte, le papyrus Ebers, le plus ancien traité médical qui nous est parvenu (rédigé entre le XVIe siècle et le XIVe siècle avant notre ère), le mentionne dans une quarantaine d'indications médicamenteuses. C'est dire si **ses vertus bienfaisantes** sont connues depuis bien longtemps ! L'ail faisait partie de la ration quotidienne des ouvriers construisant des

Les noms de l'ail

Ail vient du latin *alium* (comme l'italien *aglio* et l'espagnol *ajo*) lui-même dérivé, selon les auteurs, d'un mot celte signifiant « chaud » ou du grec *aleo*, « éviter », à cause de son odeur ! Mais les Grecs, eux, l'appelaient *skorodon*, les Hébreux, *skum*, les Égyptiens, *khidjana*, et les Chinois, *suan*, un mot écrit avec un seul idéogramme, ce qui démontre qu'il remonte à la haute Antiquité. Quant à l'anglais *garlic*, il vient de *gar*, « lance » (en référence à la forme des gousses), et de *leac*, « plante » en anglo-saxon ancien.

pyramides afin de leur donner puissance et ténacité. La suppression de cette ration d'ail aurait par ailleurs été la cause du **premier conflit social** de l'histoire de l'humanité ! Tout comme la privation d'ail (en même temps que de poissons, concombres, melons, poireaux et oignons) aurait suscité la grogne des Hébreux qui suivaient Moïse dans le désert du Sinaï lors de l'Exode d'Égypte (vers 1 250 av. J.-C.), si l'on en croit le *Livre des Nombres*, quatrième des cinq premiers livres constituant la Torah.

L'ordinaire du soldat

Durant l'Antiquité, tout le bassin méditerranéen mangeait de l'ail. Les Grecs, eux aussi, lui prêtaient un **pouvoir fortifiant** et le donnaient à leurs soldats comme à leurs athlètes. Au Ve siècle av. J.-C., à l'apogée de la Grèce classique, il est notamment célébré par Hippocrate, le père de la médecine, pour ses propriétés diurétiques et laxatives ; mis en scène dans les comédies d'Aristophane ; et également recommandé par le philosophe Aristote pour **lutter contre la rage**. Copieurs, les Romains l'adoptèrent. L'ail fit ensuite partie de l'ordinaire militaire, ainsi que du quotidien des paysans (Virgile en parle comme d'une plante utile aux moissonneurs), et le bulbe aux mille vertus s'implanta finalement dans tout l'empire.

Galien (IIe siècle apr. J.-C.), l'un des plus célèbres médecins de l'Antiquité, le surnomma même le « thériaque (antidote) des pauvres ».

Une mauvaise réputation tout aussi ancienne

Mais cette belle médaille a un revers. À côté de ses vertus, la nature a doté l'ail d'un inconvénient de taille : l'**odeur** qu'il donne à l'haleine et même à la sueur lorsqu'il est consommé en grande quantité (un défaut partagé avec son cousin l'oignon). Les Grecs, qui le surnommaient « la rose puante », interdisaient l'accès au temple de Cybèle, mère des dieux, à toute personne ayant mangé de l'ail.

Catalogué **nourriture du peuple** chez les Romains, il sera méprisé par l'aristocratie. Et de nombreux auteurs latins de comédies se gaussent des « mangeurs d'ail », terme qui servait aussi à désigner les Juifs... dont la religion n'est pourtant pas plus tendre avec l'haleine chargée. Dans le Talmud de Babylone (rédigé bien plus tard, vers le IVe ou le Ve siècle de notre ère), il est dit : « Celui qui a mangé de l'ail, laisse-le partir. »

Quant à la tradition musulmane, elle suggère que l'ail a poussé dans l'empreinte du pied droit de Satan (et l'oignon dans celle de son pied gauche) lorsqu'il quitta le Paradis ! En effet, pour l'islam, la propreté relève de la foi, et incommoder les autres par une mauvaise haleine revient à s'interdire l'accès au Paradis. Le *hadith* (communication orale du prophète Mahomet) 10-140 précise : « Que celui qui a mangé de l'ail ou de l'oignon se retire de notre présence, de notre mosquée et qu'il reste chez lui. » À la lumière de nos connaissances actuelles, cette référence à Satan n'est finalement peut-être pas si saugrenue. Celui-ci a en effet toujours été associé au soufre ; or, bien que l'ail ne sente pas le soufre, ce sont des **composés soufrés** qui lui donnent son odeur et son goût (tout comme pour l'oignon).

Mépris de classe

Au cours de l'Histoire, les détracteurs de l'ail furent moins nombreux que ses défenseurs, mais autrement plus violents ! Ainsi, le poète latin Horace (65–8 av. J.-C.), qui le détestait, alla jusqu'à écrire une ode contre l'ail commençant ainsi : « S'il est un monstre affreux qui, d'une main barbare, ait plongé le couteau dans le flanc maternel, que l'ail soit son supplice au fond du noir Tartare, et son aliment éternel. »

Alphonse, roi de Castille, décréta pour sa part, en 1330, que les chevaliers qui auraient mangé de l'ail ou de l'oignon ne pourraient paraître à la Cour ni communiquer avec les autres chevaliers au moins pendant un mois. Au-delà d'aversions personnelles, il s'agit presque toujours, comme chez les Romains, d'un mépris de classe sociale, le peuple

Henri IV, baptisé à l'ail

On raconte qu'à sa naissance, Henri de Navarre fut « baptisé » par son grand-père d'une gousse d'ail et d'une goutte de vin de Jurançon. De ses origines béarnaises, le roi garda en tout cas un goût prononcé pour l'ail. Il en mangeait une gousse chaque matin afin d'honorer ses nombreuses maîtresses ; l'ail était en effet considéré comme aphrodisiaque (voir p. 47). Selon ses proches, il avait de ce fait « une haleine à terrasser un bœuf à vingt pas » !

étant associé à la mauvaise odeur. Ainsi Cervantes (1547-1616) déconseille, dans *Don Quichotte*, de manger de l'ail et de l'oignon, car cela trahirait alors une **origine paysanne**. Et son contemporain Shakespeare d'ajouter que l'ail n'est pas fait pour les nobles.

Mythes et légendes

Vertus médicinales (que nous aborderons plus loin) et odeur repoussante, ces caractéristiques conjuguées expliquent sans doute pourquoi, depuis la haute Antiquité, on a prêté à l'ail des **pouvoirs quasi magiques**. Par exemple, pour empêcher Ulysse, le héros de l'*Odyssée* d'Homère (VIIIe

ou VIIe siècle av. J.-C.) de succomber aux funestes enchantements de la magicienne Circé, le dieu Hermès lui conseille de s'enduire d'une plante dénommée « moly » qui serait, selon Théophraste, considéré comme le fondateur de la botanique (vers 300 av. J.-C.), une variété d'ail sauvage.

Contre le mauvais œil

En Grèce, comme dans tout le nord du bassin méditerranéen, au Moyen-Orient et dans bien d'autres pays jusqu'en Inde, l'ail a depuis longtemps la réputation de faire barrage au « mauvais œil », ce pouvoir supposé que possèdent certaines personnes et qui attire le malheur sur ceux qu'elles regardent, en particulier les enfants.
Au Moyen Âge (et jusque bien plus tard, parfois), on suspendait des gousses d'ail sur la porte des maisons et des étables, et devant les pièces dans lesquelles les femmes accouchaient, Une **tresse d'ail** était également accrochée au cou des enfants pour les protéger et éloigner sorciers et sorcières.
Par anticipation sans doute, il n'était pas rare que les jeunes mariées en mettent une gousse dans leur poche pour faire fuir les malheurs. Bien au-delà de l'Antiquité, les Grecs pensaient même que le simple fait de prononcer le mot « ail » suffisait.

Contre les serpents… et les vampires !

Autre croyance répandue : l'odeur de l'ail éloignerait les serpents. On en trouve trace chez le poète et médecin grec Nicandre de Colophon (IIe siècle av. J.-C.), l'information étant également reprise par Pline l'Ancien (23-79 apr. J.-C.) dans son *Histoire naturelle*. Les bergers des Carpates, avant de traire pour la première fois les jeunes brebis, se frottent ainsi les mains avec de l'**ail béni**, afin de protéger le troupeau contre les morsures de serpents. Des morsures de serpent à celles des vampires, il n'y a eu qu'un pas, allègrement franchi. D'autant plus que si l'odeur de l'ail éloigne mauvais œil et sorcières, pourquoi ne ferait-elle pas fuir ces morts vivants se nourrissant de sang ?

Bénéfique ou maléfique selon les croyances

Selon les traditions, ce rapport de l'ail avec les forces obscures et l'au-delà peut être bénéfique, maléfique, ou même les deux ! Si la tradition musulmane l'associe au diable, il

Les vampires, de grands malades ?

Le mythe des vampires aurait été inspiré par les malades de porphyrie. Cette maladie est due à l'accumulation dans l'organisme d'une grande quantité de porphyrine, molécule entrant dans la composition du sang. Hypersensibilté de l'épiderme à la lumière, nécrose des gencives, déformation des dents qui se colorent également d'un rouge fluorescent la nuit, pilosité abondante, troubles neuropsychiatriques entraînant des comportements violents et… allergie à l'ail, en sont les principaux symptômes.

est aussi représenté sur des talismans (comme chez les Juifs séfarades). Selon un ancien texte zoroastrien (ancienne religion monothéiste de Perse), on servait aux démons un plat préparé avec de l'ail, du vinaigre et de la rue (plante médicinale dégageant une odeur forte) pour les tenir éloignés. En Europe, l'ail protège les parturientes ; les Bouriates de Sibérie, au contraire, pensaient que son odeur signalait la proximité d'âmes de femmes mortes en couche, revenant la nuit persécuter les vivants. Et les Bataks de Bornéo, pour leur part, accordent à l'ail le pouvoir de retrouver les âmes perdues.

Superstitions de marins

Les vertus antiseptiques de l'ail (lire page 42) expliquent sans doute en partie la superstition des marins selon laquelle l'ail protège des épidémies. De plus, sa **bonne teneur en vitamine C** pouvait avoir un effet préventif contre le scorbut qui décimait les équipages privés de fruits frais durant des mois. L'ail (et l'oignon, son cousin et compagnon de traversée) avait en effet le gros avantage de se conserver pendant plusieurs mois. Du coup, il était aussi censé éloigner la malchance, les tempêtes et les monstres marins ! Toujours est-il qu'**il ne fallait jamais manquer d'ail** à bord. C'est d'ailleurs ainsi, grâce aux navigateurs espagnols et portugais, que notre *Allium* traversa l'Atlantique et s'implanta aux Amériques.

Petit, mais costaud !

Au hit-parade des fruits et légumes, l'ail se retrouve à coup sûr sur le podium pour la richesse et la diversité de sa composition : vitamines, minéraux, oligoéléments s'y pressent en foule. Attention toutefois à ne pas se laisser griser par les chiffres, car les quantités ingérées sont modestes : il est rare que l'on consomme plus de 10 g d'ail (soit trois gousses) par jour…

Alliine, allicine, ajoène et compagnie

Commençons par le plus… remarquable : l'ail doit son odeur et sa saveur si caractéristiques à la présence, dans sa composition chimique, de **composés soufrés originaux**, l'alliine (ou sulfoxyde d'allylcystéine) et ses dérivés (33 au total). En réalité, lorsque le bulbe est intact, l'alliine est presque dépourvue d'odeur ! C'est **lorsque l'on coupe ou écrase une gousse** que celle-ci apparaît : les cellules végétales libèrent alors une enzyme spécifique de l'ail, l'alliinase, qui, mise au contact de l'alliine, décompose celle-ci en acide pyruvique et en allicine, la substance odorante que nous connaissons bien.

Une grande famille

Allium, le genre type auquel appartient l'ail, compte un grand nombre d'autres espèces (environ 600) parmi lesquelles les plus connues, cultivées et largement consommées en France sont l'oignon, l'échalote, le poireau et la ciboulette. Parmi les espèces sauvages, on consomme notamment l'ail des ours qui pousse dans les sous-bois frais.

D'étonnantes transformations

L'allicine, comme les autres thiosulfinates (composés chimiques soufrés) de l'ail, est une molécule peu stable, qui se transforme assez rapidement. Lorsque l'on fait bouillir de l'ail haché, ou lorsque l'on plonge celui-ci dans un autre solvant, comme l'huile alimentaire, l'allicine donne de nouveaux composés soufrés, parmi lesquels la plus intéressante semble être l'ajoène, découverte en 1984 par Eric Block, professeur de chimie à l'université d'Albany (État de New York) et une équipe de chercheurs vénézuéliens. Ces composés soufrés ne se contentent pas de donner à l'ail son odeur et son goût. Les nombreux scientifiques qui se sont penchés sur la plante s'accordent à dire que l'allicine et ses dérivés (en particulier l'ajoène) sont à l'origine de la plupart de ses **propriétés curatives ou préventives reconnues** : actions antibactériennes, antivirales, antiparasites, anticoagulantes, et prévention de certains cancers.

Plus énergétique qu'il n'y paraît

L'ail renferme relativement peu d'eau : 64 % en moyenne, contre au moins 85 % dans la plupart des légumes frais. En revanche, il contient une quantité élevée de **glucides** : 27,5 %. Il s'agit pour l'essentiel de glucides complexes originaux, en particulier de fructosanes, polymères du fructose qui servent de sucres de réserve pour la plante et lui permettent de se conserver, mais qui ne sont que partiellement assimilables par notre tube digestif. On trouve aussi des sucres simples, comme le fructose et le glucose, et un peu de saccharose.

Les **protéines** (6 %, soit 20 % de la matière sèche, ce qui est beaucoup pour un légume) sont essentiellement composées d'acides aminés soufrés (cystéine, méthionine) présents dans les composés dont nous venons de parler. Comme la plupart des légumes, **l'ail ne contient pas de graisses** (lipides). Quand aux 3 % de fibres alimentaires, elles sont composées de pectines (la substance qui fait « prendre » les confitures), de substances mucilagineuses, auxquelles on doit la consistance moelleuse de l'ail cuit, et d'un peu de celluloses.

Les saponines, agents émulsifiants

Présentes dans l'ail et dans de nombreux légumes (soja, petit pois, épinards, tomates, pommes de terre et surtout châtaignes), les saponines, substances issues de la combinaison chimique d'un sucre et d'un stéroïde, doivent leur nom à leur capacité à produire une mousse semblable à celle du savon. C'est ce pouvoir émulsifiant qui permet, notamment, à l'aïoli de « prendre ».

4 kcal dans 1 gousse

Du fait de sa forte teneur en glucides, l'ail est un aliment **assez énergétique** : 135 kilocalories aux 100 g, ce qui est assez exceptionnel pour un légume. C'est nettement plus que le riz, les pâtes, les pommes de terre, les olives vertes, la plupart des poissons, le foie, le poulet (sans la peau), et autant que le lapin ! Mais s'il est assez courant de manger tous les jours plusieurs centaines de grammes de ces aliments, on en est loin pour l'ail, une belle gousse pesant environ 3 g, ce qui représente 4 kcal. Aucune raison de craindre l'excès calorique !

Le plein de vitamines et de minéraux

Cette observation vaut aussi pour les autres nutriments : si l'ail est plutôt bien pourvu en vitamines, minéraux et oligoéléments (c'est sans doute le légume qui en contient le plus), les petites quantités ingérées relativisent leur apport réel dans l'alimentation quotidienne. Ainsi, l'ail renferme un **taux assez important de vitamine C**, de l'ordre de 30 mg aux 100 g ; mais pour couvrir nos besoins en la matière (au moins 80 mg par jour), il faudrait absorber quotidiennement... 89 gousses d'ail, alors qu'un kiwi et une orange suffisent !

L'**apport en minéraux** est riche et, surtout, diversifié. Non seulement l'ail est le légume frais qui contient le plus de soufre, mais c'est aussi l'un de ceux qui contiennent le plus de potassium, dont on reconnaît

Le germanium, un atout ?

L'ail renferme du germanium, métalloïde assez rare découvert en 1886, utilisé dans les industries de l'optique et de l'électronique... et toxique ! Mais le germanium d'origine organique (c'est-à-dire passé du sol aux plantes) perd sa toxicité et aurait au contraire des effets favorables sur la santé, notamment en favorisant l'oxygénation des cellules.

aujourd'hui le rôle important dans la lutte contre l'hypertension artérielle.
On trouve aussi dans l'ail de **nombreux oligo-éléments** : zinc, manganèse, bore, cuivre, molybdène, iode, ainsi que du sélénium. Généralement absent des légumes et des fruits, ce dernier est précieux pour **ses propriétés antioxydantes et son rôle contre le vieillissement des cellules**. L'ail en renferme environ 20 µg aux 100 g (soit 0,02 mg), un taux non négligeable... mais qui supposerait tout de même l'ingestion de 83 gousses pour couvrir les besoins quotidiens (50 µg), contre une petite boîte de thon au naturel ou 200 g de rôti de porc.
Enfin, d'autres substances intéressantes ont été identifiées, à plus faibles doses encore, telles que les **prostaglandines** (qui jouent un rôle contre l'athérosclérose, lire page 47) et des **antioxydants** (lire page 52) : acides phénols, polyphénols, flavonoïdes.

Pour la petite histoire

Au XIXe siècle, l'ail est suffisamment populaire pour que les vendeurs de légumes des halles de Paris attirent les chalands en criant « marchand d'ail », vite simplifié en « chand d'ail ». Un surnom qui désigna d'abord les vendeurs, puis le gros tricot de laine sans bouton qu'ils enfilaient par la tête pour se protéger du froid. En 1893, l'entreprise Gamart d'Amiens eut l'idée de fabriquer industriellement ce vêtement, et le dénomma bien sûr... chandail.

Composition moyenne et teneur en vitamines et minéraux

Le tableau ci-dessous indique la composition de l'ail pour 100 g ainsi que son équivalence pour une gousse d'ail moyenne (3 g). Le tableau ci-contre renseigne sur la teneur en vitamines et minéraux de l'ail, ainsi que sur le nombre de gousses d'ail qu'il faudrait manger pour couvrir nos besoins quotidiens. Même pour les substances dont l'ail est particulièrement riche (vitamine C, souffre, potassium, sélénium), ces quantités sont énormes, et inaccessibles aux plus solides mangeurs d'ail ; sans compter que de telles quantités créeraient des problèmes intestinaux... et rendraient leurs consommateurs infréquentables !

Néanmois, même en petites quantités, les apports de l'ail sont réels... quand ils s'ajoutent aux autres. Il a donc toute sa place dans une alimentation variée et équilibrée, seule vraie garantie contre les excès et les carences.

Les chiffres indiqués dans ces tableaux, issus de différentes sources, ne sont qu'indicatifs, à prendre comme ordre de grandeur et non comme valeur absolue (y compris pour les besoins quotidiens). Ils peuvent varier selon les variétés d'ail, la saison, le degré de maturité, les conditions de culture , etc.

Composants	100 g d'ail	1 gousse (3 g)
Eau	64,00 g	1,92 g
Glucides	27,50 g	0,825 g
Protides	6,00 g	0,18 g
Lipides	0,10 g	traces
Fibres	3,00 g	0,09 g (90 mg)

Vitamines	Pour 100 g	Besoins quotidiens	1 gousse (3 g)	Gousses/ besoins
Vitamine C	30,00 mg	110 mg	0,9 mg	120
Vitamine B6	1,20 mg	1,5 à 1,8 mg	0,036 mg	42 à 50
Vitamine B3	0,65 mg	11 à 14 mg	0,02 mg	550 à 700
Vitamine B5	0,60 mg	5 mg	0,018 mg	278
Vitamine B1	0,20 mg	1,2 mg	0,006 mg	200
Vitamine E	0,10 mg	12 mg	0,003 mg	4000
Vitamine B2	0,08 mg	1,5 mg	0,0024 mg	625

Minéraux	Pour 100 g	Besoins quotidiens	1 gousse (3 g)	Gousses/ besoins
Potassium	446,00 mg	3000 à 6000 mg	13,38 mg	225
Soufre	200,00 mg	600 mg	6,00 mg	100
Phosphore	144,00 mg	800 mg	4,32 mg	185
Germanium	75,40 mg	non définis		
Calcium	38,00 mg	900 à 1200 mg	1,14 mg	790
Chlore	30,00 mg	1500 mg	0,9 mg	1660
Magnésium	21,00 mg	400 mg	0,63 mg	635
Sodium	10,00 mg	5 000 à 8 000 mg	0,30 mg	17 000
Fer	1,40 mg	9 à 15 mg	0,042 mg	214
Zinc	1,00 mg	12 mg	0,003 mg	4000
Manganèse	0,46 mg	5 mg	0,014 mg	357
Bore	0,40 mg	1 mg	0,012 mg	83
Cuivre	0,15 mg	1,5 à 2 mg	0,0045 mg	334
Molybdène	0,07 mg	0,15 mg	0,002 mg	75
Sélénium	0,02 mg	0,05 mg	0,0006 mg	83
Iode	0,003 mg	0,15 mg	0,00009 mg	1 660

Une grande famille

Sous l'appellation *Allium sativum* se cache une multitude de variétés différentes, qui se conservent plus ou moins bien. Quant à leur mode de commercialisation, il est tout aussi varié : frais, sec, mais aussi en extrait, en huile essentielle ou « vieilli ». Voici ce qu'il faut savoir pour acheter l'ail sous toutes ses formes… et, pourquoi pas, le cultiver ?

Les différentes variétés d'ail

L'ail cultivé comporte de très nombreuses variétés (ou « cultivars ») qui se distinguent par la couleur, le goût, et l'époque de plantation. Mais les botanistes les ont d'abord classées en deux grandes branches :

- ***Allium sativum subsp. ophioscorodon,*** qui se caractérise par une hampe florale, d'où son nom d'« ail à tige dure » ou « ail à bâton ». On pense que cette sous-espèce est la plus ancienne et a gardé certaines des caractéristiques de l'ail sauvage, dont sa saveur ;
- ***Allium sativum subsp. sativum,*** variété la plus répandue, qui ne possède pas de hampe florale, et également appelée « ail à tige tendre ».

L'ail d'automne

La plupart des variétés sont **plantées à partir de la mi-octobre jusqu'à la fin décembre**. Les variétés les plus précoces pourront être **consommées fraîches à partir d'avril**. Juteux, démuni de germe, l'ail violet, variété précoce à grosses gousses, est aussi plus doux que lorsqu'il est séché. Un vrai régal pour les amateurs. L'ail blanc, moins précoce, est généralement vendu séché et se conserve plus longtemps.

Label rouge et IGP

Comme d'autres produits agricoles, l'ail peut bénéficier de labels de qualité officiels : label rouge (qualité supérieure) label européen d'indication d'origine protégée (IGP). Ces labels, indiqués sur les étiquettes, garantissent l'origine et le respect d'un cahier des charges strict en matière de choix de semences, de mode de culture, etc.

Les variétés françaises les plus connues, qui bénéficient du label européen IGP (lire encadré ci-dessus), sont **l'ail violet de Cadours** (Haute-Garonne), **l'ail blanc de Lomagne** (Tarn-et-Garonne) et **l'ail blanc de la Drôme**. Toutes ces variétés sont à tige tendre. Mais on cultive également en France des variétés d'ail violet à hampe florale originaires d'Asie, du Moyen-Orient et d'Europe centrale, ainsi que des variétés d'ail blanc venues d'Argentine.

En Espagne, premier producteur européen, la culture se concentre dans la région de Castilla-La Mancha, avec notamment un savoureux ail violet *Ajo Morado de Las Pedroñeras*.

L'aillet

Très populaire dans le Sud-Ouest, l'aillet est un ail immature, qui n'a pas encore constitué ses gousses et qui ne se trouve par conséquent qu'au printemps. On utilise ses tiges vertes, au goût délicat, de la même façon que la ciboulette : découpées en fines rondelles pour parfumer les salades, les soupes, et surtout les omelettes.

L'ail de printemps

Certaines variétés peuvent être plantées au début du printemps. Elles s'adaptent mieux aux pays froids, où la terre gèle durablement en hiver : commençant à germer fin janvier, elles seront récoltées à la fin de l'été (fin juin sous des cieux plus cléments). Elles sont le plus souvent de couleur rose, d'où l'appellation courante d'« ail rose de printemps »… mais de nombreuses sous-variétés sont blanches. Les gousses produites sont plus petites que celles de l'ail d'automne, mais se conservent plus longtemps car leur dormance (période « d'hibernation » des plantes) est plus élevée.

Dans cette catégorie, on retiendra notamment **l'ail rose d'Auvergne, l'ail rose du Var** et **l'ail rose du Nord**. Ce dernier est utilisé pour produire **l'ail fumé d'Arleux**. Selon une tradition qui remonterait au XVIe siècle, les gousses sont fumées à la tourbe pour les faire sécher et ainsi mieux les conserver dans cette région où l'humidité est forte. Citons encore **l'ail de Cherrueix** (Ille-et-Vilaine), cultivé en bord de mer, ce qui lui donne un goût particulier.

Mais la plus connue des variétés d'ail de printemps à bâton est **l'ail rose de Lautrec**, le seul à bénéficier d'un label rouge (depuis 1966), et le premier à avoir décroché une IGP, en 1995. L'appellation couvre 88 communes situées dans le sud-ouest du département du Tarn, autour de Lautrec (village dont est d'ailleurs originaire la famille du peintre Henri de Toulouse-Lautrec).

Cousins sauvages

Parmi les nombreuses variétés d'*Allium* sauvages, deux sont connues et consommées depuis l'Antiquité.

L'ail des ours (*Allium ursinum*). Poussant dans les sous-bois humides, il était, paraît-il, un mets de choix pour les ours sortant d'hibernation, d'où son nom. Les feuilles froissées sont très odorantes. Comme l'aillet, ce sont elles que l'on consomme (le bulbe est très petit). L'ail des ours contient de l'allicine, et plus de vitamine C que l'*Allium sativum*. Comme lui, il a été (et il est toujours) utilisé comme plante médicinale.

L'ulpicum (*Allium ampeloprasum*), ou carambole, est une plante vivace dépassant souvent un mètre, qui pousse à proximité des terrains cultivés, d'où son nom latin : *ampeloprasum* signifiant poireau des vignes… car c'est en réalité l'ancêtre du poireau cultivé (*Allium porrum*). On l'appelle aussi « ail éléphant », « poireau d'été », « ail faux poireau », « poireau du

Levant », « ail d'Orient », ou encore « poireau perpétuel ». Très populaire chez les Romains, il est décrit par Pline dans son *Histoire naturelle* : « L'ulpicum [...] est nommé par les Grecs ail de Chypre, par d'autres antiscordon ; il est renommé, surtout en Afrique, parmi les plats rustiques ; il est plus gros que l'ail. Broyé dans de l'huile et du vinaigre, il donne une mousse qui gonfle de façon étonnante. » L'aiòli, déjà !

Un peu de culture

L'ail est cultivé sur tous les continents, quels que soient la latitude et le climat (sauf les plus extrêmes). Il est vrai que la culture en est assez facile, il se contente de sols modestes et de peu d'irrigation. Son seul ennemi : la trop grande humidité.

Quelques chiffres

La production mondiale d'ail est d'environ **15,5 millions de tonnes par an** (chiffres FAO 2007), le premier producteur étant la Chine, qui s'accapare aujourd'hui 78 % du marché. L'Espagne, premier producteur européen, occupe le septième rang mondial. Avec 18 000 tonnes, la France arrive en vingt-septième position ; la principale région de production est de loin la région Midi-Pyrénées (8 700 tonnes), mais c'est le département de la Drôme qui occupe la première place pour la culture d'ail de semence (3 200 tonnes). Ceci est loin de couvrir la consommation, estimée à 40 000 tonnes, soit 700 g par an et par habitant. Une consommation en baisse : selon le

Gilroy, « capitale mondiale » de l'ail

En Californie, l'ail est cultivé à grande échelle, surtout dans la vallée de Gilroy, qui s'est autoproclamée capitale internationale de l'ail. Le *Garlic festival*, qui s'y tient en juin depuis 1979, est le plus important du monde, avec 35 000 visiteurs… et deux tonnes d'ail consommées chaque année.

ministère de l'Agriculture, elle était de 850 g il y a quelques années. Côté importation, l'Argentine est récemment passée en tête des pays fournissant la France, devant l'Espagne et, plus loin, la Chine. Quant aux plus gros consommateurs au monde, ce sont les Thaïlandais et les Coréens.

Une culture… culturelle

S'il fallait une autre preuve que l'ail n'est pas un produit tout à fait comme les autres, on la trouvera dans les nombreuses foires et fêtes qui lui sont consacrées. En France, tous les grands terroirs ont la leur. **La fête de l'ail rose de Lautrec** (premier vendredi du mois d'août) voit se dérouler un concours de compositions artistiques (œuvres d'art réalisées à base d'ail), un concours de la meilleure tarte à l'ail rose et un concours de confection de manouilles (grappes d'ail construites autour des hampes florales) qui met aux prises des équipes de sept à huit personnes se relayant durant trois heures pour parvenir à la longueur la plus importante possible. Le record actuel est de 22,29 m ! **À Cadours**, le dernier week-end d'août, le concours artistique est l'occasion pour les producteurs de confectionner, avec de l'ail violet, des figures de la vie locale. **À Saint-Clar, en Lomagne,** c'est le troisième jeudi d'août que les producteurs exposent leurs tresses et leurs créations à base d'ail. De nombreuses autres villes françaises fêtent également l'ail, généralement durant les beaux jours.

Produire son ail

L'ail est une plante assez simple à cultiver… à condition que le sol lui convienne. Il préfère les terres légères, un peu sablonneuses, bien drainées et peu caillouteuses. Il faut savoir que l'ail est une plante capricieuse. Dans certains champs, l'ail se développe très bien, dans d'autres, il refuse de prospérer sans raison apparente. Si c'est le cas dans votre jardin, vous n'y pouvez malheureusement rien ! **Mais assurez-vous au préalable que vous n'avez pas tenté de planter l'ail sur un terrain qui a porté, l'année précédente, une plante de la même famille : ail, échalote, oignon, poireau.**
Seconde précaution : ne plantez pas n'importe quoi. En théorie, n'importe quel caïeux (gousse) fait l'affaire. En pratique, certains aulx du commerce, notamment importés, peuvent avoir été traités contre la germination. De plus, l'ail est sensible aux maladies (virus, pourritures, nématodes) ; celles-ci nuisent au rendement, à la conservation, et contaminent le sol. Mieux vaut donc acheter chez des professionnels des « plants certifiés », reconnaissables à leur vignette bleue. Vous pourrez d'autant mieux choisir votre variété. Ces précautions

prises, l'ail ne nécessite pas de traitement et demande peu ou pas d'engrais : on peut le cultiver « bio » sans problème.

Plantation et récolte

Après avoir bêché le sol, séparez les gousses juste avant de les planter (avec leur peau), ne conservez que les plus grosses, celles qui se trouvent en périphérie de la tête (les petites gousses du centre peuvent être utilisées pour la cuisine). Plantez-les à 3 cm de profondeur, pointe en haut hors de terre, espacées d'environ 10 cm, sur des rangées distantes de 25 à 30 cm. Vous pouvez aussi planter plus serré pour la production d'aillet (lire pages 28 et 34) dont l'arrachage précoce éclaircira la plantation destinée à la récolte normale. Quelques binages pour éliminer les mauvaises herbes et, si le mois de mai est sec, des arrosages au moment de la formation des bulbes suffiront. **N'arrosez pas durant le dernier mois avant la récolte.**

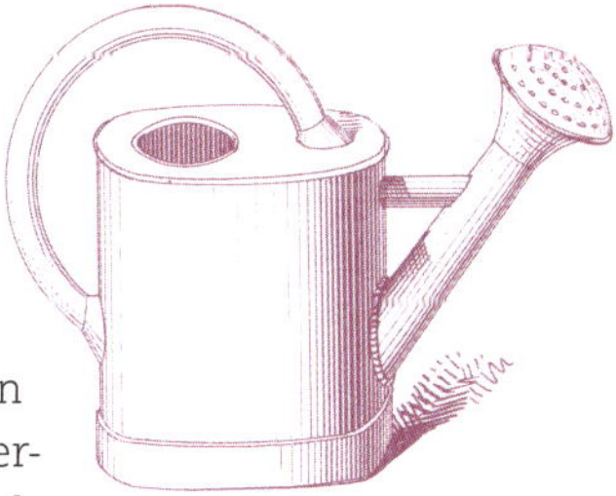

Pour une plantation d'automne, l'aillet se récolte dès avril, voire plus tôt selon les régions. Puis, dès que les bulbes sont formés, vous pouvez arracher l'ail frais selon vos besoins. Les plantes bien vertes issues de plants certifiés permettent de consommer aussi bien le bulbe que les feuilles. À partir de la mi-juin ou juillet, récoltez l'ail à maturité. Quelque temps auparavant, pensez à « nouer » le feuillage (le coucher sur le sol) afin de faire mûrir

Des feuilles toute l'année

Au lieu d'arracher les jeunes pousses, vous pouvez consommer les feuilles d'ail comme de la ciboulette. Pour en avoir toute l'année, placez une tête d'ail (surtout si les gousses ont commencé à germer) sur le goulot d'une carafe pleine d'eau que vous renouvellerez régulièrement. Il suffit ensuite de couper au fur et à mesure les feuilles qui se développent.

les bulbes et d'augmenter la récolte. Lorsque les feuilles fanent, arrachez les têtes par temps sec et laissez-les sécher quelques jours à l'ombre, toujours dans un endroit bien sec, afin d'améliorer la conservation. Ensuite, faites des bottes et suspendez-les dans un endroit sec.

De l'ail sur son balcon

L'ail peut être cultivé en bac. **Si votre ail de cuisine commence à germer**, ne le jetez pas, plantez-le ! Comme en pleine terre, dans une jardinière sans réserve d'eau, emplie d'un mélange de tourbe et de terreau, que vous placerez au soleil. Lorsque votre ail commence à pousser, il est possible de rentrer la jardinière pour hâter la récolte, mais vous devez la laisser à l'extérieur jusqu'à fin janvier car les bulbes, puis les jeunes plantes, ont besoin d'une période de froid pour se développer. Vous pouvez aussi consommer l'aillet au fur et à mesure.

L'ail sous toutes ses formes

On lit parfois que l'ail frais ne se conserve que peu de temps. C'est vrai et faux : pour peu que vous laissiez les têtes à l'air libre, dans un endroit ventilé, sec et assez chaud, votre ail frais deviendra… de l'ail sec qui, compte tenu de la période de dormance de la plante, ne se mettra pas à germer (en tout cas pas avant l'automne).

L'ail sec d'automne, acheté en été, se conserve six mois à un an selon les variétés (l'ail blanc tient plus longtemps que le violet, plus précoce) et les conditions de conservation. L'ail de printemps se conserve au moins un an.

Pour optimiser les conditions de conservation de l'ail, placez-le **à l'air libre, dans un endroit sec, à température ambiante** (au-dessus de 18 °C) ; il faut éviter les chutes de température, car un coup de froid peut stopper la dormance qui empêche l'ail de germer. Le lieu de conservation le plus indiqué est donc celui de son utilisation : la cuisine !

Ail en poudre

Si vous voulez être sûr d'avoir de l'ail sous la main en toutes circonstances, préparez votre ail en poudre. Sa saveur ne sera pas aussi fine que celle de l'ail frais, et vous perdrez les vitamines, mais c'est une solution de remplacement tout à fait acceptable. Sans compter qu'il peut être utilisé pour réduire ou remplacer le sel.

Pour faire de l'ail en poudre, il faut prendre de l'ail sec, le peler puis faire durcir les gousses quelques minutes au four.

Ensuite, le mieux est de les couper en petits morceaux et de les passer au moulin à vis (comme le poivre ou le sel) afin d'obtenir une poudre grossière, puis de le conserver au sec.

Conserves d'ail à l'huile

Les conserves d'ail à l'huile peuvent être délicieuses... à condition de prendre certaines précautions. Si les gousses d'ail épluchées, entières ou hachées, sont simplement couvertes d'huile, vous courez le risque que s'y développe la redoutable *Clostridium botulinum*, bactérie qui prospère en l'absence d'oxygène. Elle produit la plus puissante des toxines naturelles, la **toxine botulique**, qui peut être mortelle. Heureusement, elle ne résiste ni à la chaleur, ni à une exposition prolongée à l'air.
Si vous tenez à mettre l'ail en conserve, faites-le bouillir durant quelques minutes et déposez-le dans des **bocaux stérilisés ou ébouillantés**. Vous pouvez aussi acidifier la préparation avec un peu de vinaigre (un pH supérieur à 4,5 tue la toxine).

Ail en gélules

La poudre d'ail en gélules est un complément alimentaire qui fait fureur aux États-Unis et en Allemagne. Il permet de profiter des vertus de l'ail (réelles ou présumées, nous le verrons dans la partie suivante) sans ses inconvénients. En **capsule gastorésistante**, la poudre d'ail n'est libérée que dans l'intestin, ce qui évite aussi bien l'odeur que les intolérances digestives.

Bien choisir son ail

Choisissez le bulbe bien renflé, et pressez légèrement les gousses, qui doivent êtres fermes. Si elles sont molles, ou si de petits germes verts dépassent des gousses, l'ail est trop vieux et ne se conservera pas. L'ail nouveau frais se reconnaît à la tige, qui ne doit pas être sèche.

Ail vieilli

On trouve aussi dans le commerce des suppléments à base d'ail vieilli. Il est fabriqué suivant un processus de **fermentation** dans une solution contenant 15 % à 20 % d'éthanol, stockée pendant 20 mois, puis filtrée et concentrée. L'ail vieilli ne renferme pratiquement pas d'allicine, ce qui le rend **inodore**. Mais il n'en aurait pas moins de vertus : originaire du Japon, il a de nombreux adeptes, et la compagnie pharmaceutique Wakunaga, leader du marché, commercialise cet ail dans une centaine de pays (sous la marque Kyolic®).

Huile essentielle

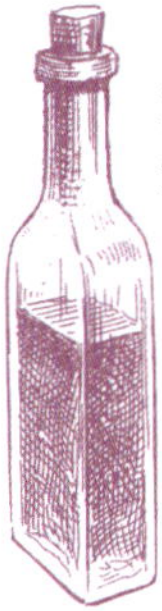

L'ail peut aussi être utilisé dans certaines recettes médicinales (voir partie suivante) sous forme d'huile essentielle. Mais **elle doit être utilisée avec précaution** car, de l'avis même des naturopathes, elle est un peu difficile à digérer et peut même se révéler assez agressive. Elle doit donc être ingérée **à petites doses** et, en usage externe, diluée avec de l'eau ou mélangée à des huiles douces : appliquée pure, elle risque d'**irriter** les peaux sensibles.

Certains s'imaginent que l'ail n'est qu'un « remède de bonne femme » sans véritable efficacité et d'autres, à l'inverse, lui prêtent un nombre incroyable de vertus. Des centaines d'études sur les propriétés de l'ail ont été menées au cours des trente dernières années... et leurs conclusions sont souvent contradictoires. Mais même si l'ail n'a pas encore livré tous ses secrets, rien ne vous empêche de profiter dès aujourd'hui de ses bienfaits sur les voies respiratoires, le système digestif et certains problèmes de peau.

Santé

L'ail, un allié de notre santé

On prête depuis longtemps un nombre impressionnant de vertus à l'ail. Outre les croyances évoquées précédemment, notons, en vrac, qu'il soignerait l'ouïe et les maux de dents, les vomissements, la lèpre, la pneumonie, la grippe, les troubles de la ménopause, la coqueluche, la jaunisse, la tuberculose, le diabète, l'anémie, la dépression, les cors aux pieds, les brûlures, les piqûres et morsures, la goutte, l'épilepsie et même la « folie »; ferait mourir les poux et fuir les ténias de l'intestin; protégerait de la peste, du typhus et de la diphtérie…

Propriétés reconnues… et hypothétiques

Tout n'est évidemment pas farfelu dans cet inventaire. Certaines actions ont été démontrées, d'autres font encore l'objet de recherches. Mais faire le tri entre mythes, réalités, probabilités et conjectures n'est pas toujours aisé.
Les pages qui suivent fournissent un petit aperçu de l'**état des recherches**, en prenant notamment comme ouvrage de

référence *Garlic and Other Alliums : The Lore and the Science* (Ail et autres *Allium*, les usages et la science), du chimiste Eric Block, paru à Londres en 2010.

Un antibactérien avéré

On doit à l'infatigable Louis Pasteur la démonstration expérimentale, en 1858, des propriétés antibactériennes de l'ail. Ce dernier, mis dans une boîte de Petri, réussit à **détruire deux types de bactéries**, salmonelles et *Escherichia coli*. Bien sûr, si Pasteur s'est intéressé à l'ail, c'est que l'on connaissait déjà sa capacité à **guérir certaines infections** bien avant de soupçonner l'existence des microbes, virus et autres bactéries. Durant la Seconde Guerre mondiale, faute de pénicilline, l'ail fut utilisé par les Russes pour soigner blessures et infections respiratoires. Mais il faudra attendre 1944 pour que

Un réflexe de survie

Le fait que l'ail, l'oignon, comme d'autres épices (poivre, piment), soient plus consommés dans les pays chauds que dans les pays froids tendrait à démontrer qu'ils ont bien des propriétés antimicrobiennes. Avec la chaleur, le risque de prolifération des bactéries dans la nourriture est en effet plus élevé. Selon les théories darwiniennes, il était donc logique que les humains découvrent empiriquement des moyens d'y faire face pour protéger leur santé et assurer leur survie.

Le vinaigre des quatre voleurs

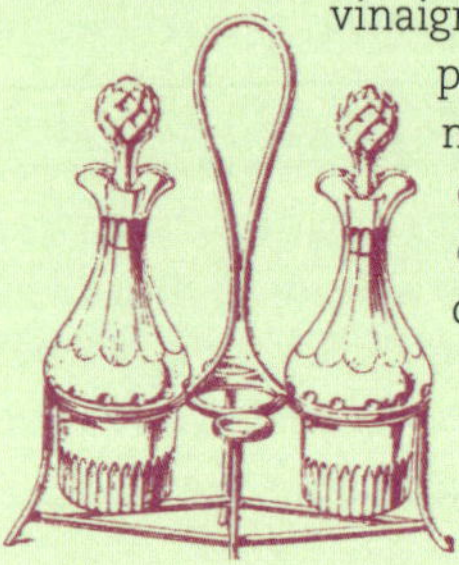

Inscrit au codex de la pharmacopée française en 1748, le vinaigre des quatre voleurs, également appelé vinaigre antiseptique, tient son nom d'une histoire qui met en scène quatre détrousseurs de cadavres opérant sans être contaminés pendant les grandes épidémies de peste. Arrêtés, ils finirent par livrer leur secret : s'enduire de ce fameux vinaigre, décoction de diverses plantes, et notamment d'ail.

deux chercheurs américains, Chester J. Cavallito et John Hays Bailey, isolent le facteur responsable de cette activité antibactérienne, l'allicine. Cavallito démontrera qu'elle possède environ 1 % des capacités antibiotiques de la pénicilline ; mais aussi que, contrairement à celle-ci, elle est efficace contre les bactéries dites « à Gram négatif » (dont les salmonelles et *Escherichia coli*) mais aussi les souches responsables de la **peste**, du **choléra** et de la **méningite**. Les croyances du Moyen Âge voyant dans l'ail un remède contre la peste (lire encadré) ne seraient donc pas totalement infondées !

Les staphylocoques ne lui résisteraient pas !

Plus étonnant, selon des expériences récentes menées par l'équipe du Dr Ronald Cutler, de l'université East London, l'allicine pourrait combattre les souches de staphylocoques

dorés résistantes aux dernières générations d'antibiotiques qui se développent dans les hôpitaux (ces souches étant responsables des maladies dites nosocomiales).
Des expériences prometteuses ont été menées en laboratoire, aboutissant à la mise au point de capsules à avaler, crème nasale et savon permettant de **réduire la transmission des bactéries** par les employées des hôpitaux, mais aussi de traiter les malades. Le cas de Deborah Brown, première patiente guérie grâce à l'allicine en 2003, fit grand bruit en Grande-Bretagne et dans la communauté médicale. La dose d'allicine administrée quotidiennement correspondrait à l'ingestion d'environ 25 gousses !

L'activité antivirale

En laboratoire, on a observé que plusieurs produits contenus dans l'ail, notamment l'allicine et l'ajoène, étaient actifs **contre certains virus**. Certes, les quelques essais cliniques publiés ne suffisent pas à prouver l'efficacité réelle des compléments alimentaires à base d'ail ; mais une étude de 2001, portant sur 146 personnes, a mis en évidence leur effet sur le **rhume** : les sujets ayant pris une capsule quotidienne d'allicine entre novembre et février ont été moins souvent

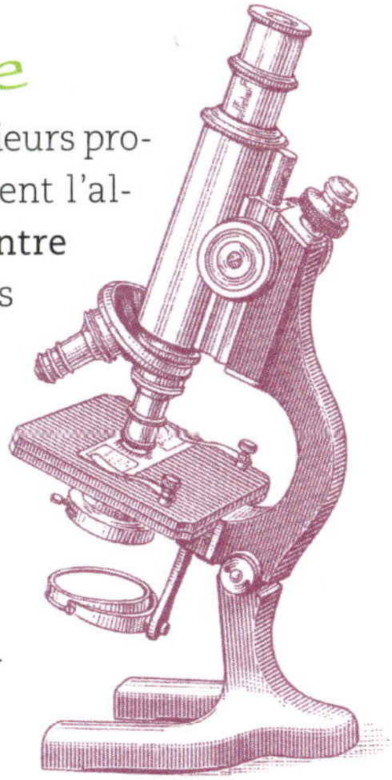

enrhumés que ceux « traités » avec un placebo, et leur rhume se résorbait plus rapidement.

Contre les verrues…

Autre maladie à virus contre laquelle l'ail est traditionnellement réputé efficace (en application locale) : les verrues. Malheureusement, le virus responsable, le **papillomavirus**, possède plus de 200 génotypes connus. On sait aussi que, comme la plupart des maladies dermatologiques, la survenue et la disparition de verrues sont très liées au système nerveux. Il est donc difficile de savoir si un traitement marche ou non, et pourquoi. Ainsi, il est indéniable que certains remèdes traditionnels « agressifs » pour l'épiderme, comme le **cataplasme d'ail**, ont montré une certaine efficacité… sur certains sujets.

Sachez toutefois que l'allicine peut aussi se révéler **irritante pour la peau**, notamment chez les enfants et les personnes à la peau sensible. L'ail est donc à utiliser avec précaution (voir encadré page 63).

Le bain de bouche qui tue !

Des effets de l'ail ont été notés contre les virus responsables de la parodontite (inflammation des gencives). Mais tous les patients ayant participé aux diverses expériences se seraient plaints du goût très désagréable du traitement. L'avenir de cette méthode n'est donc pas très prometteur !

… ET LES GASTRITES

Enfin, le virus *Helicobacter pylori*, qui provoque gastrites chroniques et ulcères et augmente les risques de cancer de l'estomac, est lui aussi réactif à plusieurs composants de l'ail. Plusieurs études épidémiologiques, notamment en Chine, font état d'une relation de cause à effet entre la consommation d'ail et autres *Allium* et la **réduction du risque de cancer** mais, dans ce cas encore, aucune étude contrôlée par un protocole scientifique strict n'a été menée.

Contre les champignons et les parasites

Outre les bactéries et les virus, l'ail permet de combattre d'autres hôtes indésirables de notre corps, responsables de petites misères quotidiennes.

ANTIFONGIQUE

Appliqué sur l'épiderme, l'ail peut également traiter certaines **mycoses**, c'est-à-dire des inflammations de la peau dues à l'action de champignons, telles que le « pied d'athlète » (qui doit son nom au fait qu'il s'attrape souvent dans les piscines et les douches de gymnases et prolifère dans les chaussures humides).

Une étude menée au Venezuela auprès de 70 soldats atteints de cette affection a montré qu'une crème à l'ajoène à 1 % était aussi efficace qu'une crème fongicide classique. La même équipe a mené en 2000, avec le même succès, une expérience similaire en laboratoire (*in vitro*) contre le champignon *Microsporum canis*, responsable de la teigne.

Antiparasite

L'ail est depuis très longtemps utilisé pour se débarrasser des **parasites intestinaux**. C'est un classique de la médecine chinoise, et il a également été utilisé en Afrique pour traiter les personnes atteintes de **dysenterie** ou de vers intestinaux. Des expériences, tant *in vitro* que sur des malades, ont montré que l'ail pouvait inhiber la croissance de plusieurs parasites, dont les plus connus sont *Giardia intestinalis*, premier parasite intestinal découvert (en 1681), touchant 10 % à 20 % des populations vivant en climats tempérés et chauds ; *Plasmodium*, responsable de la **malaria** (ou paludisme) ; *Leishmania* et *Loa loa* (ou filaire), très actif en Afrique, qui provoque en particulier des troubles oculaires.

Bon pour la circulation ?

Les propriétés de l'ail pour lutter **contre l'hypertension artérielle et contre les maladies cardiovasculaires** sont les plus connues du grand public. Pourtant, ce sont aussi les moins attestées (voire les plus contestées) par les chercheurs.

L'ail est-il hypotenseur ?

L'ail est couramment présenté comme un **vasodilatateur**, c'est-à-dire qu'il permettrait de dilater les vaisseaux san-

guins et, en conséquence, de faire baisser la pression artérielle. Cette propriété, mise en évidence par les expérimentations scientifiques des Dr Chailley-Bert, Lœper et Debray en 1921, a été observée chez des rats de laboratoire, et semble confirmée par plusieurs méta-analyses (études de toute la littérature scientifique parues sur le sujet) récentes. Toutefois, d'autres études, plus actuelles, n'ont montré aucune relation entre consommation d'ail et baisse de la tension. Une fois encore, les preuves apparaissent insuffisantes pour tenir cette propriété comme acquise, mais ne permettent pas non plus de l'infirmer... Pourtant, ce sont bien ces propriétés de vasodilatation qui semblent expliquer le pouvoir fortifiant attribué à l'ail dans l'Antiquité... de même que ses **propriétés aphrodisiaques**, qui ne sont absolument pas avérées.

ATHÉROSCLÉROSE : DES RÉSULTATS PROMETTEURS

L'athérosclérose désigne la perte d'élasticité des grosses et moyennes artères due à l'accumulation de corps gras (essentiellement du cholestérol LDL) sur leur paroi, que l'on nomme plaque d'athérome. Celle-ci peut entraîner une obstruction de l'artère provoquant, à terme, un caillot responsable d'un **infarctus**. Diverses études de la fin du XXe siècle ont montré que plusieurs composés soufrés de l'ail inhibaient la prolifération cellulaire à l'origine de la formation d'athérome (c'est aussi le cas de la prostaglandine, contenue dans l'ail en petite quantité). L'allicine et deux autres composants de l'ail affichent ainsi un **effet anticoagulant** et **antithrombotique** supérieur à celui de l'aspirine, fluidifiant le sang et évitant la formation de caillots.

De là à affirmer que la consommation régulière d'ail réduit significativement les risques d'athérosclérose et, plus généralement, de maladies cardio-vasculaires, il y a un pas que certains n'hésitent pas à franchir… à tort! Car aucune des expériences menées sur les êtres humains n'a pu démontrer que ce mécanisme observé *in vitro* fonctionnait *in vivo*.

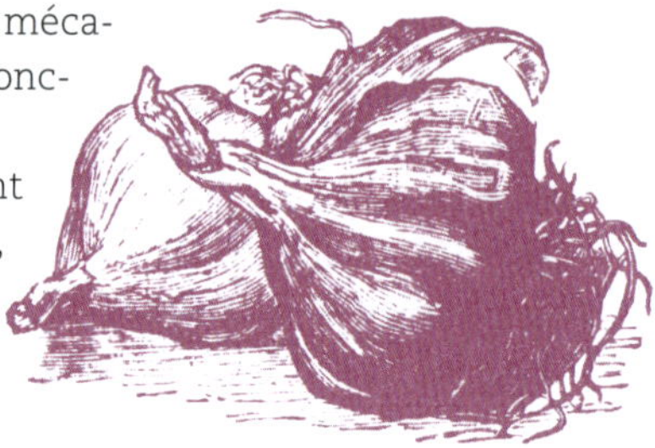

Mais les recherches sont loin d'être terminées et, de l'avis des scientifiques, les résultats obtenus jusqu'à présent sont prometteurs.

Et le cholestérol ?

Au cours du XXe siècle, plusieurs études ont suggéré que l'ail réduisait le cholestérol sanguin et les triglycérides, tout en augmentant simultanément les niveaux de HDL (bon cholestérol). Malheureusement, un test mené dans les règles de l'art en 2007 à l'université de médecine de Stanford (Californie),

Antidiabétique ? Hélas non !

Bien que des essais sur les animaux indiquent que l'ail peut faire baisser le taux de sucre dans le sang, aucun effet concluant chez l'homme n'a encore été observé. Cependant, les effets anti-inflammatoires et antioxydants de l'ail peuvent être intéressants pour ralentir la progression des complications du diabète.

sous la direction du professeur Christopher Gardner, a évalué l'effet de l'**ail cru** et de deux **compléments alimentaires** couramment commercialisés sur le taux de cholestérol et de triglycérides sanguins de 192 personnes durant six mois, pour conclure (alors qu'ils espéraient le contraire) qu'il n'y avait aucune évolution statistiquement significative par rapport à une population témoin. Des conclusions confirmées par des chercheurs européens et chinois.

On a certes reproché à ce test l'utilisation de doses relativement modérées (4 g par jour) et l'impasse faite sur l'huile essentielle et l'extrait d'ajoène, à quoi les auteurs ont répondu, d'une part que des études menées avec de l'huile essentielle en 1987 n'avaient montré que des résultats très modestes, d'autre part que si l'on devait utiliser chez les humains l'équivalent de la dose d'ajoène qui semblait avoir un effet sur les rats, il faudrait, pour l'obtenir, faire macérer chaque jour le même poids d'ail que celui de la personne à traiter ! Mais sur ce point aussi, les recherches ne sont certainement pas encore terminées.

L'action anticancéreuse

Les très nombreuses études menées sur le cancer depuis une vingtaine d'années ont mis en évidence l'influence de la nourriture sur nombre d'entre eux. Il semble ainsi désormais acquis que la consommation régulière de fruits et de légumes réduit significativement le risque de cancer touchant le système gastro-intestinal (cancer de l'estomac et colorectal), certains végétaux se montrant plus efficaces que d'autres dans la prévention des cancers grâce à leurs composés chimiques qui **bloquent la prolifération des cellules cancéreuses**. Parmi eux, les *Allium* occupent une place de choix, et en particulier l'ail, déjà utilisé pour tenter de traiter les tumeurs dans l'Antiquité.

Contre un cancer de la peau

Au début des années 2000, aux Pays-Bas, 25 patients atteints de lésions cancéreuses de la peau ont été traités durant six moins avec une crème d'ajoène à 0,4 %. Au terme de l'expérience, 21 lésions avaient décru (contre deux cas de croissance et un cas de stabilité). Ce résultat serait dû à la capacité de l'ajoène à provoquer l'apostose, ou « suicide cellulaire », c'est-à-dire à envoyer aux cellules un signal qui déclenche leur autodestruction !

UNE ACTION CHIMIQUE PROUVÉE... IN VITRO

La prévention chimique du cancer grâce à l'ail a fait l'objet d'une bonne vingtaine de publications scientifiques au cours des dix dernières années, et toutes les études menées *in vitro* arrivent plus ou moins à cette même conclusion. Mais, une fois encore, les preuves issues de tests sur les humains ne sont pas aussi probantes.

Personne ne doit donc affirmer que manger de l'ail guérit le cancer, ou empêche sa survenue (et si c'est le cas, fuyez vite ces charlatans) ! En revanche, il y a des probabilités raisonnables pour qu'il en **diminue le risque**, ce qui n'est déjà pas si mal. Certes, il faut relativiser son importance au vu des quantités couramment consommées. L'idéal consiste à l'associer à d'autres légumes dotés des mêmes propriétés tels que l'oignon, le poireau, le brocoli, le chou vert...

Quant aux mécanismes qui permettent d'obtenir ces résultats, ils sont assez complexes et sans doute pluriels. Car outre cette action chimique directe, l'ail agit à plusieurs niveaux, notamment dans l'estomac et l'intestin.

Actions prébiotique, antioxydante et antivirale

L'ail contient des fructosanes, considérés comme des prébiotiques, glucides non assimilables par l'intestin mais qui stimulent la flore intestinale. Des études épidémiologiques montrent qu'une alimentation riche en **fibres**, et notamment en **prébiotiques**, peut réduire le risque du carcinome du colon... mais la relation de cause à effet n'a pu être encore scientifiquement prouvée. **L'ail agit aussi de la même façon qu'un antioxydant** (tout comme la vitamine E), protégeant les cellules contre les **radicaux libres**, molécules d'oxygène instables et incomplètes qui tentent de se coller à des éléments des autres cellules. Dans l'opération, ils oxydent les cellules saines, un peu comme la rouille sur le métal, accélérant leur vieillissement, et seraient impliqués dans l'apparition de nombreuses maladies, dont le cancer, la sclérose en plaques et la maladie d'Alzheimer.

Diurétique

Les fructosanes sont également dotés de fortes propriétés diurétiques, ce qui explique en partie l'action de l'ail en ce domaine, connue depuis longtemps. Propriétés que l'on retrouve chez les autres *Allium*, eux aussi riches en fructosanes, en particulier le poireau. Mais l'action diurétique de l'ail est également due au rapport potassium/sodium élevé.

Enfin, comme nous l'avons vu (page 45), l'ail combat le virus *Helicobacter pylori*, qui provoque gastrites chroniques et ulcères et augmente les risques de cancer de l'estomac.

Intolérance et contre-indications

Si ça ne fait pas de bien, ça ne peut pas faire de mal… l'adage est assez vrai pour l'ail, avec toutefois quelques restrictions. Certaines personnes développent en effet une intolérance à l'ail (et généralement aux alliacés), qui peut survenir à n'importe quel stade de la vie. Elle se traduit par des **maux de ventre**, des **crampes** et des **nausées** suivis de **vomissements**, **diarrhées**, **fièvre** et **vertiges**. En fait, ce sont les composés soufrés qui provoquent ces réactions ; les personnes atteintes réagissent d'ailleurs souvent aux sulfites (présents dans les conservateurs E220 à E228 et dans les vins, surtout blancs). Moins grave, la consommation excessive d'ail cru, particulièrement lorsque l'estomac est vide, peut causer des **désordres gastro-intestinaux**. Enfin, attention à l'utilisation d'ail comme médicament externe : il peut se révéler irritant, voire « brûlant » sur certaines peaux sensibles.

Pas d'ail pour les animaux !

Attention : si l'on vous conseille de traiter votre chien ou votre chat contre les vers en incorporant de l'ail dans leur nourriture, fuyez ! L'ail (tout comme l'oignon, le poireau et les autres *Allium*) est toxique pour de nombreux animaux, notamment les chiens, les chats, les chevaux, les cochons, les moutons, les singes... Il cause en effet un empoisonnement du sang, qui sera d'autant plus grave que la quantité ingérée est importante par rapport au poids de l'animal.

INTERACTIONS AVEC DES MÉDICAMENTS

Les extraits ou compléments alimentaires à base d'ail (voire l'ail cru), pourraient **renforcer l'effet des médicaments anticoagulants**, notamment celui de l'aspirine, d'après une étude égyptienne de 2006. Il est de même conseillé d'éviter de consommer de l'ail (du moins en quantité importante) **avant et après une opération chirurgicale** afin de diminuer le risque de saignements prolongés.

ET CONTRE L'ODEUR ?

Au risque de décevoir les hygiénistes, le brossage des dents n'a malheureusement aucun effet sur l'haleine ! En effet, l'odeur qui se dégage de la bouche provient surtout des

gaz libérés dans l'estomac, qui ne sont pas éliminés avant quelques heures.
Bonne nouvelle en revanche : selon une étude de 2007, manger des **aliments crus riches en chlorophylle** (menthe, persil, basilic, chou vert, épinards) en association avec l'ail atténue fortement les effets de ce dernier sur l'haleine. Ces aliments contiennent en effet des enzymes dégradant les produits chimiques responsables de l'odeur résultant de la consommation d'ail. La même étude affirme qu'il en serait de même pour le **riz cuit**, le **lait de vache** et les **œufs**.
Il est également souvent conseillé de mâcher après le repas deux ou trois graines d'anis ou de cumin (ce que l'on vous propose dans les restaurants indiens) ou encore des grains de café.

Dans quels cas et comment utiliser l'ail ?

En examinant les recettes de médecine traditionnelle à base d'ail, on constate que celles-ci exploitent presque exclusivement ses fonctions anti-infectieuses et antiparasitaires, et qu'elles se concentrent sur les voies respiratoires, le système digestif et la peau (en usage externe).

On ne trouve en revanche aucune recette spécifique touchant le système sanguin, bien que l'action hypotensive ait souvent été mise en avant (nous avons vu page 46 que, dans l'état actuel des connaissances, elle devait être relativisée) ; tout juste est-ce mentionné comme un effet bénéfique parmi d'autres pour les tisanes, élixirs, décoctions, etc. Le **principal conseil** en la matière consiste à… **manger de l'ail**, ce que nous ne saurions de toute façon que vous conseiller !
Voici donc un petit florilège des principales « recettes » d'automédication que vous pouvez tester sans danger. Mais bien sûr, comme on peut lire sur tous les produits de cette sorte, « si les symptômes persistent, consultez votre médecin ».

Nettoyer les voies respiratoires

Empiriquement, l'ail est utilisé depuis longtemps pour le traitement des infections des voies respiratoires, non seulement d'origine bactérienne (angine) mais aussi d'origine virale (bronchite, toux). Pline, citant les médecins grecs, le notait déjà, et les recherches récentes confirment en partie ces propriétés. Les **recettes traditionnelles** touchant ce domaine sont nombreuses. En voici quelques-unes. Vous pouvez aussi, durant l'automne et l'hiver, prendre régulièrement des gélules d'ail, qui renforceront vos défenses (lire page 43).

FUMIGATION D'AIL

Indications : décongestionner et désinfecter les bronches.

- Le principe est simple : il s'agit de respirer par le nez la vapeur d'une eau bouillante additionnée d'un produit.

- Ajoutez quelques gousses d'ail épluchées et écrasées ou trois gouttes d'huile essentielle dans de l'eau bouillante.

• Placez votre visage au-dessus de la casserole pendant une dizaine de minutes, en ayant pris soin de **couvrir votre tête** d'une serviette enveloppant également la casserole pour bien canaliser la vapeur.

Tisane ou décoction d'ail

Indications : refroidissements, maux de gorge, début d'angine, rhumes, début de grippe.

• La recette de cette tisane est la plus simple qui soit. Faites simplement infuser deux ou trois gousses épluchées dans l'eau chaude durant cinq minutes, retirez les gousses et buvez.

• La décoction, plus forte, s'obtient en faisant bouillir les gousses deux à trois minutes avant de les laisser infuser. Elle est aussi utilisée pour **nettoyer la peau** (lire encadré page 65) ou bien comme **insecticide** (lire page 111).

VIN À L'AIL DES OURS

Indication : engorgement chronique de la poitrine.

• Hachez menu une poignée de feuilles d'ail des ours, faites-les bouillir dans environ 25 cl de vin blanc.

• Ajoutez une ou deux cuillerées de miel.

• Buvez ce vin tout au long de la journée, lentement, à petites gorgées… mais sans en abuser !

De l'ail dans son vin (chaud)

Le vin chaud, aromatisé au citron, au clou de girofle et à la cannelle, est un « remède » bien connu pour les jours d'hiver. Et il est bien agréable d'en boire, à condition de ne pas en abuser. En ajoutant quelques gouttes d'ail à la préparation classique, vous ne ferez que renforcer son action antiseptique. Et vous lui donnerez un petit goût inhabituel.

TEINTURE MÈRE (OU ÉLIXIR) À L'AIL OU À L'AIL DES OURS

Indications : refroidissements, maux de gorge, début d'angine, rhumes, début de grippe. On lui prête aussi des vertus d'**antiseptique intestinal** et de **vermifuge**.

• Écrasez ou hachez quelques gousses d'ail fraîches ; ou hachez feuilles et bulbes d'ail des ours.

• Placez-les dans une bouteille à gros goulot ou dans un bocal à couvercle. Recouvrez ensuite d'eau-de-vie.

• Laissez macérer 15 jours au soleil ou, à défaut, près d'une source de chaleur (radiateur, par exemple).

• Filtrez. Conservez dans des **flacons teintés**, gardez au frais à l'abri de la lumière (un an au maximum).

• Prenez 10 à 15 gouttes diluées dans un peu d'eau ou tisane, trois fois par jour.

SIROP D'AIL

Indication : contre la toux.
80 g d'ail (environ 26 ou 27 gousses)
150 ml d'eau
200 grammes de sucre

• Dans une casserole, sur le feu, faites fondre le sucre dans l'eau. Ajoutez l'ail pilé ou pressé, chauffez jusqu'à obtention d'un **mélange sirupeux** (environ 10 minutes, jusqu'à ce que se forment de grosses bulles en surface).

• Laissez refroidir et filtrez. Placez votre préparation dans une bouteille et au réfrigérateur.

• N'oubliez pas de coller une étiquette sur celle-ci avec la date de la préparation : elle doit être consommée assez rapidement. Prenez une cuillère à soupe le matin à jeun.

LAIT À L'AIL ET AU MIEL

Indications : quintes de toux sèche, notamment la nuit.

- Pilez deux gousses d'ail. Mettez-les dans une grande tasse de lait froid.

- Portez à ébullition, puis laissez cuire à feu doux une dizaine de minutes.

- Ajoutez une ou deux cuillerées de miel et mélangez. Buvez bien chaud avant de vous coucher.

- Vous pouvez également ajouter au mélange un jus de citron, qui possède aussi des propriétés antiseptiques.

Protéger le système digestif

L'action diurétique et de stimulation de la flore intestinale des fructosanes contenus dans l'ail combinée à l'action antivirale naturelle de l'allicine qui combat les infections intestinales, pourraient réduire les risques de cancer des voies digestives. Toutes les recettes écrites ci-dessus contre les infections des voies respiratoires peuvent également être utilisées.

Tisane ou décoction d'ail

Indications : infections intestinales, parasites.

• Faites bouillir des gousses d'ail dans de l'eau à raison de huit gousses (environ 25 g) par litre.

• Buvez quotidiennement pendant quelques jours.

De l'ail en morceaux

Indications : infections intestinales, parasites.

• Coupez une gousse en tout petits cubes puis avalez-les, sans mâcher, avec un grand verre d'eau.

• Répétez l'opération durant quelques jours.

En usage externe

En usage externe, l'ail semble agir efficacement contre les bactéries responsables des infections, mais aussi contre les virus à l'origine de verrues (lire page 44).

De l'ail pur

Indications : pour soigner les **plaies infectées** et qui suppurent, ou pour hâter l'évolution d'un abcès, panaris, gros bouton ou furoncle. À éviter sur les dartres et les dermatoses.

• Pressez ou hachez de l'ail (ou coupez simplement une tranche), posez sur la partie à traiter et maintenez en place à l'aide d'un pansement.

• Pour une simple désinfection de plaie bénigne (égratignure, coupure), frottez celle-ci avec une gousse d'ail coupée en deux, puis rincez à l'eau claire.

Attention !

L'allicine de l'ail est irritante pour l'épiderme et peut provoquer d'impressionnantes « brûlures chimiques » sur certaines peaux sensibles, notamment chez les enfants. Dans tous les cas, **n'appliquez l'ail que sur la partie à traiter, en protégeant la peau autour**. Si vous constatez une irritation, cessez immédiatement le traitement et lavez la peau.

Contre les verrues

Cette méthode est également efficace **contre les cors aux pieds et les durillons**, mais mieux vaut alors s'armer de beaucoup de patience !

• Pressez une gousse d'ail. Hachez très fin un petit morceau de lard gras. Mélangez l'ail avec le lard, appliquez cette pommade sur la verrue et maintenez-la en place avec un pansement.

• Changez celui-ci chaque jour (en remettant de la pommade) jusqu'à ce que la verrue disparaisse... si elle disparaît. Mais n'attendez pas un résultat immédiat : persistez au moins trois semaines.

Pour soulager les piqûres d'insectes

Qu'il s'agisse d'**abeilles**, de **guêpes**, de **moustiques** ou de **taons**, l'ail s'avère efficace pour calmer la douleur en cas de piqûre.

• La recette est toute simple : frottez une gousse d'ail sur le point de piqûre (en ayant pris soin d'ôter le dard si besoin).

• Notez que le jus d'oignon est, dans ce cas, tout aussi efficace, voire plus.

CONTRE LES MYCOSES

Nous avons vu que l'ail permettait de soigner les **mycoses**, notamment celle connue sous le nom de « pied d'athlète ».

• Le moyen le plus efficace, selon les tests, consiste à utiliser de la crème à base d'ajoène à 1 % vendue en pharmacie. Vous pouvez aussi déposer aux endroits touchés (généralement entre les orteils) une **goutte d'huile essentielle d'ail** mélangée à une huile végétale.

• La solution la plus simple et la plus économique consiste, comme pour les autres usages dermatologiques, à **frotter la peau avec une gousse d'ail coupée** (que vous ne réutiliserez pas, bien sûr !) ou de l'ail haché. Mais, comme indiqué précédemment, attention aux irritations !

Pour nettoyer la peau

La décoction d'ail (lire page 62) peut aussi être utilisée pour nettoyer la peau en cas de boutons, notamment d'**acné**. Seul problème, bénin mais tout de même embêtant : l'odeur n'est pas très agréable. À éviter avant d'aller danser !

Il faut bien reconnaître que la plupart d'entre nous mangent de l'ail surtout parce que c'est bon ! Et comme il possède des vertus qui en font un excellent compagnon de notre équilibre alimentaire et de notre santé, il n'y a vraiment aucune raison de s'en priver. Ingrédient majeur de diverses sauces, soupes et autres plats, l'ail est à consommer sans modération !

Cuisine

Le cru et le cuit

Vaut-il mieux consommer l'ail cru ou cuit ? À cette question existentielle, répondons sans hésiter : les deux, bien sûr ! En effet, nous avons vu que les composés soufrés se modifiaient avec la cuisson, apportant chacun ses avantages. à la cuisson, vous perdrez certes la vitamine C et i de l'ail cru, mais vous récupérerez de l'ajoène. Si vous voulez parfumer à l'ail un plat à cuire sans trop transformer ses composants, ne le mettez pas trop tôt dans votre préparation ; ajoutez-le plutôt vers la fin de la cuisson. Votre plat n'en sera pas moins parfumé. Mais comme toujours en matière de nutrition, la vérité est dans la variété. De plus, en matière de goût, les transformations chimiques que subit l'ail selon sa préparation vous permettront de varier les plaisirs.

L'ail cru : que la force soit avec toi

Si l'on aime les sensations fortes, la meilleure façon de consommer de l'ail est de le manger **cru et écrasé**, au presse-ail ou au pilon. Il dégagera alors tout son arôme et toute sa force. Autre avantage : il se mélangera ainsi très bien aux préparations, telles que les sauces pour salades, par exemple. Haché en petits morceaux, il parfumera moins l'ensemble, mais la sensation forte sera intacte lorsque vous croquerez un morceau. Enfin, si vous souhaitez obtenir un parfum subtil, contentez-vous de **frotter les parois du saladier** avec la moitié d'une gousse. Laissez sécher quelques instants, puis ajoutez la salade, la sauce, et mélangez bien. Vous pouvez utiliser la même technique pour parfumer les plats à cuire au four (gratins, viandes).

L'ail cuit : un éventail de goûts

Sauf s'il est à peine sauté, l'ail cuit, surtout dans sa peau, possède un goût moins prononcé que l'ail cru : on peut en manger facilement des gousses entières sans sensation de « piquant ». Mais attention : votre haleine, elle, n'en sera pas moins forte !

• ***Sauté.*** Qu'il soit écrasé ou haché, l'ail peut être sauté à la poêle pour faire un fond de sauce, pour relever des légumes, une viande ou un poisson. Mais il doit être surveillé de près, car **il brûle très vite**. Une fois brûlé, l'ail prend un goût amer et désagréable, qu'il transmet de plus à l'huile de cuisson. Un ail sauté doit garder une **teinte dorée** et **rester moelleux**. Si vous voyez qu'il risque de brûler, une seule solution : ajoutez un peu de liquide, et tout rentrera dans l'ordre.

• ***En chemise.*** Protégé par sa peau, l'ail risque moins de brûler. L'ail en chemise constitue la base de recettes telles que les pommes de terre sarladaises (lire page 97). C'est ainsi aussi qu'il faut les placer dans une cocotte ou un plat allant au four pour accompagner une viande (poulet, gigot).

• ***Bouilli.*** Vous pouvez aussi le faire bouillir (toujours dans sa peau, pour qu'il ne se défasse pas) afin de parfumer un court-bouillon. Bouilli quelques minutes, puis sauté jusqu'à ce qu'il roussisse, et même **caramélisé**, il prend une consistance très moelleuse et un petit goût de châtaigne.

• ***Rôti sous la cendre.*** Lorsque vous faites cuire des grillades dans la cheminée, ou même au barbecue, si vous utilisez du bois, glissez de grosses têtes d'ail sous la cendre et laisser cuire une vingtaine de minutes. Quand elles sont cuites, ôtez la peau et tartinez cette crème sur du pain grillé : ce sera parfait avec vos grillades !

Quelques astuces utiles

• ***Pour éplucher plus facilement l'ail,*** appuyez sur la racine de chaque gousse sur une planche, ou tapez légèrement dessus avec le manche d'un couteau. Si cela ne suffit pas, il suffit de plonger les gousses dix à quinze minutes dans l'eau chaude. **Variante rapide** : mettre les gousses dans un bol avec un peu d'eau et chauffer 50 secondes au four à micro-ondes en position « réchauffage ». L'ail se pèlera facilement et, de plus, ne collera pas aux doigts. Mais si l'eau est trop chaude, vous perdrez la vitamine C.

• ***Pour éviter que l'ail colle au couteau et aux doigts*** : avant de le couper, saupoudrez-le de sel.

• ***Pour vous débarrasser de l'odeur*** désagréablement tenace sur le couteau ou la planche à découper, rincez-les abondamment à l'**eau froide**, car l'eau chaude est totalement inefficace. Vous pouvez aussi les frotter avec une tranche de citron avant de les rincer. Ces méthodes valent aussi pour l'odeur restant sur les mains.

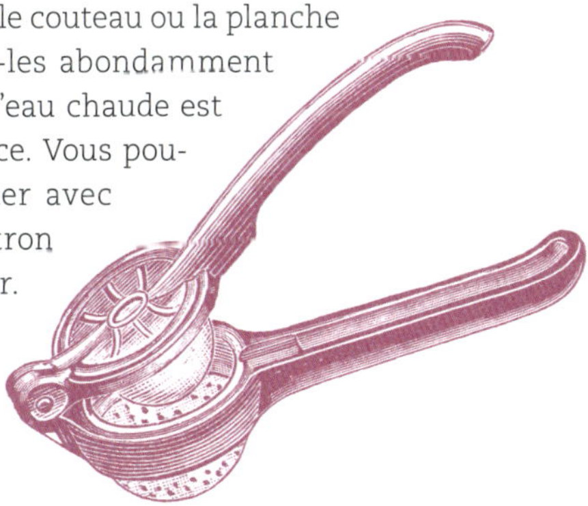

Des milliers de recettes

L'usage de l'ail est tellement universel qu'il serait vain de recenser les recettes dans lequel il est simplement un ingrédient parmi les autres. Pour s'en tenir à la France, presque tous **les classiques de la gastronomie méridionale** y font appel, du cassoulet toulousain à la ratatouille niçoise. Et le reste du pays ne le boude pas non plus. Et que dire des cuisines du monde entier, notamment asiatiques et latino-américaines ! Nous ne détaillerons donc pas ici toutes les vinaigrettes et autres sauces de salade à l'ail, croûtons frottés d'ail cru ou tartinés d'ail cuit, gousses plantées dans le gigot et autres variations dans l'art de relever le goût des plats, pour nous contenter de quelques recettes dans lesquelles l'ail tient vraiment la vedette. Libre à vous d'en trouver ou d'en inventer d'autres !

Faut-il dégermer l'ail ?

Il est d'usage de dire qu'**ôter le germe de l'ail le rend plus digeste**. En fait, il semblerait que cela fonctionne pour certains, mais pas pour d'autres. Dans le doute, il est donc préférable de l'enlever. Sauf, bien sûr, lorsque vous mettez des gousses entières à cuire. Quant à l'ail frais, ne cherchez pas non plus à enlever le germe : il n'en a pas encore…

Les « sauces » à l'ail

L'ail est un des composants indispensables de sauces ou de condiments méridionaux tels que la tapenade, l'anchoïade, le pistou... mais dans chacun de ces cas, il accompagne seulement l'ingrédient principal qui donne l'essentiel du goût (olives, anchois, basilic). Nous nous cantonnerons donc ici aux recettes dans lesquels l'ail est vraiment le composant principal, ou a tout du moins un rôle tout aussi important que les autres ingrédients.

Aiòli

À tout seigneur tout honneur : l'aiòli (ou *alhòli* en occitan, également écrit en français « aïoli » ou « ailloli »), l'un des rois de la cuisine provençale, doit son nom à l'ail et à l'huile (*òli*, en occitan). Et, comme son nom l'indique, il n'est composé au départ que d'ail et d'huile : c'est le jus de l'ail qui, grâce à la **saponine** qu'il contient (voir page 21), permet de créer une émulsion avec l'huile.

Malheureusement, « faire monter l'aiòli » est un art difficile, surtout si ce n'est pas la saison de l'ail frais, plus juteux que l'ail sec. De ce fait, la plupart des recettes ajoutent à la préparation **un jaune d'œuf**, comme pour la mayonnaise (mais sans moutarde). Certains incorporent à la place un peu de jaune d'œuf dur écrasé et/ou un peu de pomme de terre cuite écrasée, ou ajoutent du citron. Il s'agit bien sûr d'ajouts qui font bondir les puristes. Mais comme pour tous les plats traditionnels, il y a autant de recettes que de familles !

Un plat provençal

En Provence, l'aiòli désigne non seulement la **sauce**, mais le **plat de même nom**. C'est un plat tout simple, un plat maigre du vendredi, composé de morue et de légumes bouillis ou cuits à la vapeur. On y ajoute généralement des œufs durs et, souvent, des escargots de mer.

POUR 500 G D'AIÒLI

5 à 10 gousses d'ail (pour un aiòli doux ou très fort)
1/2 litre d'huile d'olive vierge
Sel, poivre
1 jaune d'œuf (facultatif)

1. La première opération consiste à piler l'ail, de préférence dans un mortier en marbre, avec un pilon en bois. Soyez patient, jusqu'à obtenir une pâte lisse.

2. C'est à ce moment-là que vous allez ajouter (ou non) les autres ingrédients, notamment le jaune d'œuf. Salez et poivrez.

3. Ensuite, procédez de la même manière que pour la mayonnaise, en incorporant l'huile petit à petit, tout en tournant le mélange avec un fouet ou une fourchette, toujours dans le même sens. L'aiòli doit être un peu plus ferme que la mayonnaise ; mais là encore, c'est une question de goût.

4. Si vous n'arrivez pas à faire monter la sauce, ou si elle retombe, tout n'est pas perdu : mettez un jaune d'œuf dans un autre plat, fouettez-le, puis versez-y la sauce lentement en tournant, comme vous le faisiez précédemment avec l'huile.

Beurre d'ail et beurre d'escargot

La différence entre le beurre d'ail *stricto sensu* et le beurre parfumé utilisé pour garnir les coquilles d'escargots ? La base est la même mais, dans le second, on ajoute de l'échalote et du persil.

Pour 4 personnes

200 g de beurre
Sel, poivre
4 gousses d'ail

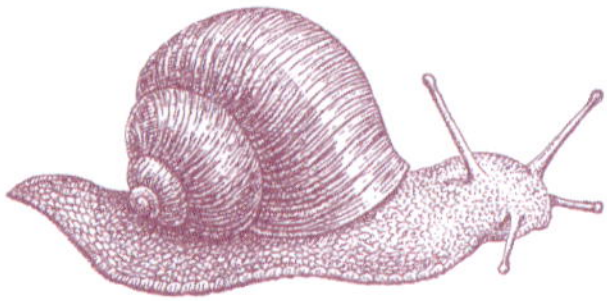

POUR LE BEURRE D'ESCARGOT
1 échalote
2 cuillères à soupe de persil plat finement haché

1. Mettez le beurre à ramollir plusieurs heures. Au besoin, quelques secondes au four à micro-ondes l'y aideront. Hachez finement l'ail, pilez au mortier ou écrasez-le au presse-ail.

2. Malaxez le tout avec le beurre en assaisonnant avec sel et poivre, et en ajoutant échalote et persil finement hachés pour le beurre d'escargot.

Crème d'ail

Cette crème peut tout accompagner ! Elle s'accorde surtout à merveille avec l'agneau grillé ou poêlé (côtelettes, carré).

POUR 4 PERSONNES

50 gousses d'ail (environ 5 têtes)
5 cuillères à soupe d'huile d'olive
Sel, poivre

1. Enveloppez les gousses d'ail entières, avec leur peau, dans un papier d'aluminium et faites-les cuire au four moyen pendant 1 heure.

2. Pressez sur les gousses pour en extraire la chair de l'ail, que vous récupérez dans un bol.

3. Salez, poivrez. Ajoutez l'huile et mélanger le tout.

4. La crème peut se conserver quelques jours au réfrigérateur dans un récipient fermé (ou dans le bol recouvert d'un film plastique alimentaire).

Persillade

Un grand classique de la cuisine pour relever des légumes, des crevettes ou des calamars sautés à la poêle, en association avec huile d'olive et citron pour napper des poissons grillés, des carottes râpées et autres crudités... On peut vraiment en mettre partout.

Préparation

Rien de plus simple : hachez ou mixez (selon votre préférence) des quantités équivalentes d'ail et de persil. Et c'est tout !

Une judicieuse association

En plus de son goût délicieux, cette association comporte bien des avantages. La forte teneur en potassium de l'ail et du persil en fait un bon « cocktail » pour **prévenir l'hypertension**. De plus, le persil cru consommé en même temps que l'ail permet de réduire l'odeur de celui-ci en provenance de l'estomac (lire page 55).

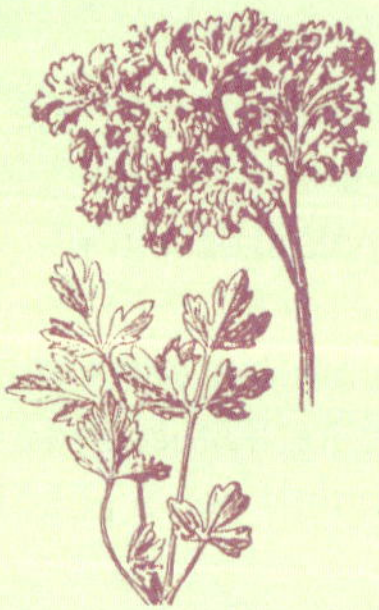

Rouille

La rouille accompagne les soupes de poisson et la bouillabaisse. Elle se prépare en même temps que ces plats.

POUR 4 PERSONNES

2 gousses d'ail
2 petits piments rouges
1 cuillère à soupe d'huile d'olive
1 petite pomme de terre bouillie froide (bien cuite)
Le foie d'un gros poisson (foie de rascasse, par exemple)
Bouillon de cuisson des poissons
Sel, poivre

1. Pelez les gousses d'ail, pilez-les dans un mortier avec les piments rouges. Ajoutez l'huile d'olive, mélangez.

2. Écrasez la pomme de terre et ajoutez-la dans le mortier. Ajoutez le foie de poisson et écrasez-le. Salez, poivrez, pilez et mélangez le tout.

3. Mouillez cette purée avec 6 ou 7 fois son volume de bouillon ayant servi à la cuisson des poissons, en incorporant le liquide peu à peu : la rouille doit rester épaisse et ferme.

Toum (crème d'ail libanaise)

En arabe, *toum* signifie « ail ». La sauce éponyme, typiquement libanaise, est généralement servie avec des grillades et des viandes rôties, en particulier du poulet.
Selon la recette traditionnelle, on la confectionne de la même manière que l'aiòli, avec de l'ail cru pilé et de l'huile d'olive, mais en y ajoutant du jus de citron, ce qui a pour effet de faire prendre la sauce plus facilement et de la rendre plus légère.

Variantes

Dans de nombreuses variantes (que l'on trouve notamment en France dans les restaurants libanais), l'ail est d'abord cuit. La sauce est ainsi moins forte et plus onctueuse. Si on y ajoute des blancs d'œuf battus, elle prend la consistance d'une mousse à l'ail particulièrement délicate.

POUR SIX PERSONNES

1 belle tête d'ail (environ 10 gousses)
25 cl d'huile d'olive (ou moitié olive, moitié soja)
1 cuillère à café de jus de citron
1 blanc d'œuf battu
Sel

1. Épluchez les gousses d'ail.

2. Plongez-les dans de l'eau bouillante pendant 5 minutes (si vous voulez adoucir le goût de l'ail, laisser bouillir plus longtemps).

3. Égouttez, puis réduisez l'ail en purée (le mixeur fera parfaitement l'affaire).

4. Ajoutez le jus de citron, l'huile et le sel. Incorporez délicatement le blanc d'œuf battu.

5. Mélanger bien le tout. La crème doit être consistante.

6. Conservez au frais.

Les soupes à l'ail

Moins connue que la soupe à l'oignon, la soupe à l'ail est pourtant un grand classique des cuisines familiales et régionales : on trouve une infinité de recettes. C'est un plat campagnard par excellence, bon marché et facile à faire. L'ail permettait autrefois d'obtenir un mets goûteux avec peu d'ingrédients, généralement issus de la ferme, sans oublier les tranches de pain rassis, qu'il était hors de question de jeter et qui permettaient à cette soupe légère de mieux « tenir au corps ». Bien sûr, les recettes les plus typiques proviennent des grandes régions productrices d'ail. En voici quelques-unes, parmi les plus populaires.

Soupe à l'ail d'Arleux

Assez consistante, cette soupe du Nord est d'abord une soupe de légumes, dans laquelle le fameux ail fumé du cru est un condiment de choix.

POUR 4 PERSONNES

2 litres d'eau
10 gousses d'ail fumé épluchées
350 g de pommes de terre épluchées et coupées en dés
125 g de carottes râpées

1. Faites bouillir l'eau, plongez-y tous les ingrédients et laissez cuire environ 40 minutes.

2. Vérifiez la cuisson en piquant les morceaux de légumes et les gousses d'ail.

3. Passez au mixeur, salez, poivrez.

4. Selon vos goûts, ajoutez beurre, crème fraîche, gruyère râpé.

Aiga bolida

Aiga bolida, en occitan, signifie « eau bouillie » (prononcez « aïgo boulido », avec un accent tonique sur chaque i). Si, dans sa forme la plus connue, l'aiga bolida est proche du tourin, la recette « stricte », c'est-à-dire sans œufs, est considérée comme la **soupe « détox »** des Provençaux et des Languedociens, réservée aux repas du soir suivant un banquet bien arrosé, voire aux repas du midi pour lendemains de fête. « L'aiga bolida sauva la vida » dit d'ailleurs un proverbe occitan.

Pour 4 personnes

2 litres d'eau
12 gousses d'ail
1 branche de sauge
1 feuille de laurier
1 branche de thym
Huile d'olive
Sel, poivre
4 tranches de pain
de campagne grillées
Facultatif : 1 jaune d'œuf,
gruyère râpé

1. Épluchez et écrasez les gousses d'ail.

2. Portez l'eau à ébullition.

3. Jetez-y les gousses d'ail, le thym, la sauge, le laurier, le sel, le poivre et un filet d'huile d'olive.

4. Laissez cuire 10 minutes, enlevez les herbes.

5. Ajoutez éventuellement 1 jaune d'œuf en fouettant énergiquement pour lier le bouillon.

6. Placez des tranches de pain arrosées d'huile d'olive dans les assiettes, versez le bouillon.

7. Selon vôtre goût, saupoudrez de gruyère râpé.

Tourin lomagnol

On trouve, notamment dans le Sud-Ouest, de nombreuses recettes de tourins à l'ail, c'est-à-dire de soupes servies avec des tranches de pain et de l'œuf poché dans le bouillon chaud. Il peut être épaissi avec du vermicelle, le jaune d'œuf monté en mayonnaise, le pain grillé frotté d'ail ou arrosé d'huile d'olive, comme dans l'aiga bolida (voir page 84).

Pour 4 personnes

2 litres d'eau
1 cuillère à soupe de graisse d'oie ou de canard
5 à 10 gousses d'ail de Lomagne (forcément, puisque la recette vient de là… mais vous pouvez en utiliser un autre, bien sûr)
2 œufs
1 cuillère à soupe de vinaigre de vin
Sel, poivre
4 belles tranches de pain de campagne un peu rassis

1. Mettez l'eau à bouillir. Pendant ce temps, épluchez les gousses d'ail.

2. Faites fondre la graisse dans une poêle.

3. Puis, mettez-y les gousses d'ail entières à dorer, sans trop roussir. L'ail ne doit surtout pas brûler.

4. Versez le tout dans l'eau bouillante, salez, poivrez (vous pouvez aussi ajouter une branche de thym).

5. Laissez bouillir 15 à 20 minutes.

6. Au fond de la soupière, disposez les tranches de pain. Versez ensuite le bouillon dans la soupière.

7. Cassez les œufs, gardez les jaunes, laissez tomber les blancs dans la soupière et mélangez.

8. Mettez les jaunes dans un bol, ajoutez le vinaigre, mélangez ; versez dans la soupière et mélangez à nouveau.

9. Couvrez la soupière et laissez tremper le pain quelques minutes avant de servir.

Quelques plats qui mettent l'ail à l'honneur

Parmi les innombrables recettes qui font la part belle à l'ail, en voici quelques-unes, grands classiques ou préparations plus étonnantes. La plupart viennent bien sûr des pays du bassin méditerranéen ou du Sud de la France, régions productrices et consommatrices. Mais elles ne sont pas les seules représentées...

Maquereaux à l'ail

Cette recette peut être réalisée avec d'autres poissons, notamment des sardines ou des rougets.

POUR 4 PERSONNES

8 petits maquereaux
15 gousses d'ail
40 g de beurre (ou un peu d'huile)
1 citron

1. Préchauffez le four à 200 °C (thermostat 6/7).

2. Plongez les gousses d'ail non pelées dans une casserole d'eau bouillante pendant 1 à 2 minutes.

3. Égouttez-les, disposez-les au fond d'un plat à gratin en les écrasant légèrement.

4. Videz, lavez, épongez les maquereaux.

5. Disposez-les sur le lit de gousses d'ail. Salez, poivrez, parsemez de noisettes de beurre (si vous redoutez le beurre cuit, qui n'est pas très bon pour les artères, utilisez de l'huile).

6. Enfournez et laissez cuire 20 minutes. Servez dans le plat de cuisson, décoré avec des rondelles de citron.

Rouille de poulpes sétoise

Cette « rouille »… n'en est pas une. Il s'agit d'un ragoût dans lequel on mélange de l'aiòli, après cuisson, comme pour transformer la bouillabaisse en bourride. On peut aussi remplacer le poulpe par des seiches ou des encornets, qui cuisent plus vite.

Pour un poulpe d'environ 1 kg

1 gros oignon
2 gousses d'ail
3 tomates (ou 1 boîte de tomates concassées)
2 cuillères à soupe de concentré de tomate
1 bouquet garni (thym, laurier, persil)
1 piment oiseau
1 gros zeste d'orange
20 cl de vin blanc
10 cl de cognac
Huile d'olive
Sel, poivre
Aiòli (voir recette page 74)

1. Si vous achetez un poulpe frais, congelez-le pour l'attendrir (ce qui évite d'avoir à le battre).

2. Plongez le poulpe dans l'eau bouillante durant une demi-heure. Égouttez-le, puis coupez-le en morceaux.

3. Dans une cocotte, faites chauffer une ou deux cuillères à soupe d'huile d'olive, et faites-y revenir les morceaux de poulpe.

4. Ajoutez l'ail et l'oignon hachés, le zeste d'orange. Laissez cuire quelques minutes.

5. Arrosez de cognac et flambez.

6. Ajoutez les tomates concassées et le concentré de tomate.

7. Mouillez avec le vin blanc, ajoutez le bouquet garni et le piment, salez, poivrez.

8. Laissez mijoter à feu doux, cocotte couverte, pendant une heure environ, jusqu'à ce que le poulpe soit tendre.

9. Au moment de servir, incorporez l'aïoli dans la sauce chaude et mélangez énergiquement.

10. Servez avec du riz ou des pommes vapeur.

Chaussons d'escargots à la crème d'ail de Lomagne

Avec cette recette en provenance d'une des principales régions de production d'ail française, on touche à la grande cuisine ! Le résultat est à la hauteur du travail...

Pour 4 douzaines d'escargots (sans coquille)

6 gousses d'ail
400 g de pâte feuilletée
50 g de beurre
10 cl de crème fraîche épaisse
10 cl de crème fleurette
1 jaune d'œuf
1 petit bouquet de persil
Sel, poivre

1. Pelez les gousses d'ail, blanchissez-les 2 minutes dans une casserole d'eau bouillante. Égouttez-les et séchez-les soigneusement.

2. Faites chauffer la crème épaisse à feu doux. Au premier bouillon, coupez le feu, plongez les gousses d'ail et laissez-les infuser pendant 15 minutes. Passez le tout au mixeur avec sel et poivre.

3. Fouettez la crème fleurette et incorporez-la délicatement.

4. Une fois la crème prête, faites sauter les escargots dans le beurre, avec une gousse d'ail. Si vous utilisez des escargots vivants ayant jeûné, ébouillantez-les et sortez-les de leur coquille au préalable. Laissez-les refroidir hors du feu.

5. Déroulez la pâte. Découpez-y quatre formes ovales de 25 cm de long sur 15 cm de large (si vous disposez d'un emporte-pièce, ce sera beaucoup plus facile bien sûr). Disposez 12 escargots sur chaque ovale.

6. Badigeonnez les bords des chaussons à l'aide un pinceau trempé dans le jaune d'œuf mélangé avec un peu d'eau.

7. Repliez les chaussons farcis dans le sens de la longueur et pincez les bords pour bien les sceller partout (le jaune d'œuf sert de colle).

8. Allumez le gril du four, température 180 °C (thermostat 6). Enfournez les chaussons pendant 10 minutes, puis coupez le grill, abaissez la température du four à 150 °C (thermostat 5) et laissez encore cuire une dizaine de minutes. Surveillez bien les chaussons pour qu'ils ne brûlent pas.

9. Servez les chaussons chauds nappés de crème d'ail froide ou tiède, parsemé de persil émincé.

Poulet aux quarante gousses d'ail

C'est un grand classique que l'on retrouve un peu partout… avec des variantes sur le nombre de gousses utilisées !

Pour 4 personnes

1 poulet coupé en morceaux
40 gousses d'ail (environ 4 têtes)
4 tomates (ou 1 boîte de tomates en dés)
2 gros oignons
5 cl de vinaigre de vin vieux
1 branche de thym
1 branche de romarin
4 cuillères à soupe d'huile d'olive
Sel, poivre

1. Émincez les oignons. et coupez les tomates en dés.

2. Plongez les gousses d'ail, avec leur peau, dans de l'eau bouillante salée durant 2 minutes, puis dans de l'eau froide.

3. Égouttez-les et séchez-les soigneusement.

4. Dans une sauteuse, faites dorer dans l'huile les morceaux de poulet sur tous les côtés. Réservez.

5. Placer ensuite les gousses d'ail dans la sauteuse pour les faire dorer. Réservez également.

6. Toujours dans la même sauteuse (en ajoutant un peu d'huile si nécessaire), faites revenir les oignons émincés avec le thym et le romarin.

7. Quand les oignons sont translucides, ajoutez les tomates coupées en dés et le vinaigre

8. Laissez chauffer, puis remettez dans la sauteuse poulet et gousses d'ail.

9. Salez, poivrez et laissez mijoter pendant 50 minutes.

10. Au moment de servir, vous pouvez ajouter de petits croûtons sur lesquels vous tartinerez l'ail fondant extrait de sa peau.

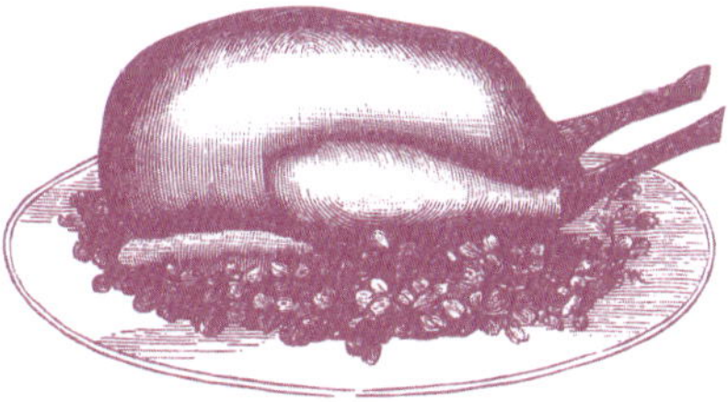

Poulet farci à l'ail

Encore une recette de poulet mais, cette fois, l'ail se trouve à l'intérieur.

Pour 4 à 6 personnes

1 beau poulet fermier
200 g de jambon cru séché
300 g de foies de volaille
10 gousses d'ail
2 œufs
Une trentaine d'olives noires
1 bol de mie de pain
1 petit bouquet de persil, quelques branches de thym
Sel, poivre

1. Coupez le jambon en petits morceaux. Hachez grossièrement les foies de volaille et plus finement l'ail et le persil.

2. Mélangez le tout dans un saladier avec la mie de pain et les œufs, salez légèrement, poivrez. Malaxez bien le tout. Remplissez le poulet de cette farce, refermez-le bien. Mettez-le dans un plat à four, garni des olives et du thym.

3. Dans le four préalablement préchauffé, faites cuire votre poulet comme d'habitude, en l'arrosant de temps en temps. Jugez la cuisson à la pointe du couteau (1 h 15 environ).

Pommes de terre sarladaises

Un véritable délice, qui accompagne traditionnellement le confit d'oie ou de canard, car on profite de la graisse qui l'entoure pour les préparer.

PRÉPARATION

1. Dans une grande poêle, faites sauter les pommes de terre coupées en dés dans un peu de graisse d'oie ou de canard.

2. Ajoutez des gousses d'ail non épluchées (comptez-en 1 ou 2 par pommes de terre, selon leur grosseur).

3. En fin de cuisson, vous pouvez ajouter du persil ciselé.

4. Les pommes de terre peuvent se déguster seules, ainsi parfumées, mais si vous aimez vraiment l'ail, ouvrez les gousses et mélangez le contenu fondant à vos pommes de terre.

Pasta aglio i olio

Ce grand classique de la cuisine italienne connaît lui aussi de multiples variantes. La base en est très simple, comme son nom l'indique : de l'ail (*aglio*) et de l'huile (*olio*). Il est vite fait, mais pour être vraiment réussi, il doit être bien surveillé : tant pour la cuisson des pâtes (*al dente*) que pour celle de l'ail, qui ne doit surtout pas brûler ; attention, car cela va très vite ! Les pâtes traditionnellement utilisées sont des spaghettis ou des spaghettinis (plus fins).

Pour 4 personnes (500 g de pâtes)

2 gousses d'ail
8 cuillères à soupe d'huile d'olive
Sel, poivre
Parmesan râpé (facultatif)

1. Hachez l'ail très fin (mais ne l'écrasez pas, il brûlerait trop vite).

2. Faites cuire les pâtes à l'eau bouillante salée.

3. Quelques minutes avant la fin de la cuisson des pâtes, faites chauffer l'huile à feu moyen dans une sauteuse. Celle-ci ne doit pas être

trop large, afin que la couche d'huile reste assez épaisse pour enrober entièrement les morceaux d'ail.

4. Quand l'huile est chaude (mais pas bouillante), ajoutez l'ail et laissez-le frire une trentaine de secondes, juste le temps qu'il se colore. Coupez immédiatement le feu et couvrez.

5. Dès que les pâtes sont cuites *al dente*, égouttez-les, transvasez-les dans un plat creux.

6. Versez la sauce sur les pâtes, salez, poivrez et mélangez bien pour qu'elles s'imprègnent du mélange.

7. Dans les assiettes, vous pouvez, selon votre goût, saupoudrer de parmesan râpé.

Variantes

Vous pouvez ajouter au mélange, dans le plat de service, **du persil et du basilic hachés**. Une variante plus « musclée », elle aussi traditionnelle, consiste à ajouter à l'ail, juste avant de couper le feu sous la sauteuse, une pincée de piment rouge séché et broyé. Ces deux variantes sont bien sûr compatibles. Ceux qui n'aiment pas le piment trop fort peuvent faire une infidélité basque à cette recette italienne en le remplaçant par de la poudre de piment d'Espelette, beaucoup plus doux et très parfumé.

Tomates à l'ail

Une recette espagnole de tapas toute simple. L'idéal est de la réaliser avec des tomates bien mûres… et ayant poussé au soleil plutôt que sous une serre.

Par personne

1 tomate
2 gousses d'ail
2 petits brins de thym
Huile d'olive
Sel, poivre

1. Préchauffez le four à 220 °C (thermostat 7-8).

2. Coupez les tomates en deux (dans la largeur si elles sont rondes, dans la longueur s'il s'agit de « Roma » ovales) et disposez-les dans un plat allant au four, peau en bas.

3. Posez un brin de thym sur chaque demi-tomate et glissez les gousses d'ail entières entre elles.

4. Arrosez d'huile d'olive, salez et poivrez.

5. Enfournez et laissez cuire environ 40 minutes. Les tomates doivent commencer à griller sur les bords.

6. Jetez le thym, pressez une gousse d'ail cuite sur chaque demi-tomate, rectifiez l'assaisonnement si besoin.

7. Vous pouvez aussi émietter un peu de thym sur chaque tomate (c'est également excellent avec un mélange d'herbes de Provence), mais veillez à ne pas « noyer » le goût de la tomate et de l'ail.

Tomates provençales

Cette recette traditionnelle est assez proche de l'espagnole par la présentation et le mode de cuisson. On vide les demi-tomates de leurs pépins, que l'on remplace par une « farce » composée d'**ail haché ou pressé**, de **persil ciselé** et de **mie de pain sec** grossièrement émiettée (et non de chapelure). Celle-ci se gorge ainsi pendant la cuisson au four du jus de tomate et du parfum de l'ail. Un délice !

Foie gras aux écailles d'ail

Ceux qui aiment le foie gras frais apprécieront cette recette originale qui nous vient du Sud-Ouest.

POUR 4 PERSONNES

4 belles escalopes de foie gras frais de canard
16 gousses d'ail
2 cuillères à soupe de farine
1 cuillère à soupe de vinaigre balsamique
1 cuillère à soupe d'huile d'olive
Sel, poivre

1. Épluchez les gousses d'ail et coupez-les en lamelles.

2. Dans une poêle, faites dorer les lamelles d'ail dans l'huile… sans les faire brûler.

3. Versez la farine dans une assiette et passez-y les escalopes de foie gras de tous les côtés.

4. Chauffez une poêle propre et, sans ajouter de graisse, cuisez les escalopes, 2 minutes de chaque côté. Déglacez avec le vinaigre. Salez légèrement, poivrez.

5. Posez chaque escalope sur une assiette, et disposez dessus les lamelles d'ail comme des écailles de poisson.

Tartelettes ail et pignons

Encore un petit côté italien pour cette recette. Les tartelettes doivent être dorées sur le dessus, la pâte restant moelleuse.

POUR 4 PERSONNES

250 g de pâte brisée
7 gousses d'ail épluchées
150 g de beurre
4 cuillères à soupe de parmesan râpé
1 bouquet de basilic
4 cuillères à soupe de pignons de pin
1 œuf battu
Poivre

1. Préchauffez le four à 190 °C.

2. Dans un mixeur, mélangez le beurre, l'ail, le parmesan et le basilic. Incorporez les pignons hachés, poivrez.

3. Mettez la pâte dans 4 moules de 10 cm de diamètre environ. Faites cuire ces fonds de tartelettes pendant 10 minutes, recouverts de papier sulfurisé et de haricots secs.

4. Badigeonnez les bords des tartelettes d'œuf battu (pour dorer), remplissez-les de la préparation à l'ail et enfournez 20 à 25 minutes (toujours à 190 °C).

Recettes exclusivement « Allium »

Pour terminer, voici quelques recettes replaçant l'ail avec tous ses cousins de la famille des *Allium* : poireaux, oignons, échalotes. Non seulement leurs saveurs se marient très bien, mais leurs nutriments et leurs effets sur la santé (notamment antiseptiques) se complètent et/ou se renforcent. Il n'y a donc que des avantages à les associer !

Bouillon d'Allium

Excellent revigorant pour l'hiver, il est plus complet (et plus léger) que les soupes à l'ail. Vous pouvez aussi le boire tiède ou froid.

POUR 4 PERSONNES

1 litre d'eau
2 carottes
1 blanc de poireau
1/2 oignon
1 petite échalote
2 gousses d'ail
Sel (ou, si vous aimez, sel de céleri), poivre

1. Épluchez les légumes et coupez-les en petits morceaux, coupez les gousses d'ail en deux.

2. Placez le tout dans une casserole ou un faitout, recouvrez d'eau, salez, poivrez.

3. Faites cuire à couvert, à feu moyen, 30 minutes environ.

4. Consommez le bouillon seulement. Pour mieux exprimer le suc des légumes, vous pouvez aussi passer le tout à la centrifugeuse, ou au mixeur si vous préférez une version « soupe », plus consistante.

Fondue de poireaux

Elle accompagne à merveille les coquilles Saint-Jacques juste revenues à la poëlle, mais aussi les autres poissons

Pour 4 personnes

2 gros poireaux
1 gros oignon rouge
4 gousses d'ail
Huile d'olive (ou autre), sel, poivre

1. Coupez oignons et poireaux en petits morceaux.Dans une sauteuse, faites revenir les oignons. Lorsqu'ils deviennent translucides, ajoutez et faites revenir les poireaux. Couvrez et laissez cuire jusqu'à ce que les poireaux soient très tendres.

2. Ajoutez l'ail pressé, mélangez bien et laissez encore cuire quelques minutes. L'ensemble doit avoir une consistance de fondue, avec un jus très court.

Variantes

Lorsque les poireaux sont revenus, mouillez avec un peu de vin blanc et ajoutez une cuillère à soupe de moutarde. À la fin de la cuisson, juste avant de servir, vous pouvez aussi ajouter une cuillère à soupe de crème fraîche.

Oignons farcis à l'ail

Une recette originale de légumes farcis, entièrement végétarienne et forte en goût.

POUR 4 PERSONNES

8 oignons pas trop gros
10 gousses d'ail
Quelques brins de persil
Chapelure et parmesan râpé
Huile d'olive, sel, poivre

1. Pelez les oignons. Faites-les blanchir deux à trois minutes dans une casserole d'eau bouillante, égouttez-les. Coupez-les en deux dans le sens de la longueur et évidez chaque moitié avec une cuillère, en laissant deux « peaux » à chacune.

2. Mixez ensemble le reste de la chair, les gousses d'ail pelées et pressées, le persil finement haché, le sel et le poivre.

3. Huilez un plat à gratin, disposez-y les moitiés d'oignons et remplissez-les de votre farce. Saupoudrez de parmesan et de chapelure, arrosez de quelques gouttes d'huile d'olive.

4. Laissez cuire 30 à 40 minutes à four moyen (180 °C, soit thermostat 4). L'oignon doit être bien tendre, le suc au fond du plat un peu caramélisé.

Vous pensiez maintenant connaître tous les secrets de l'ail ? Eh bien non ! Car non seulement ses propriétés antifongicides font merveille contre certains parasites des plantes, mais il se révèle aussi efficace comme insecticide contre les limaces, et il constitue même l'ingrédient principal d'une colle maison !

D'autres usages inattendus

L'ami des jardins

Au jardin, l'ail est aussi un allié précieux. Il permet de confectionner des remèdes contre les champignons, les insectes et les acariens qui attaquent les plantes, notamment les pucerons, les moisissures, l'araignée rouge et même le mildiou. Là encore, les substances actives sont les composés soufrés, en particulier notre miraculeuse allicine. L'ail est aussi efficace contre les nématodes à kystes, minuscules vers vivant dans la terre qui affectent les racines. Et il repousse escargots, limaces… et petits rongeurs !

Contre les parasites

Voici **deux recettes simples** pour préparer un **mélange à pulvériser sur les plantes infestées**, notamment par les pucerons : fraisiers, rosiers, etc. Elles pourront aussi être utilisées pour repousser les fourmis, les limaces (en pulvérisant au pied des plantes)… et les chats qui ont tendance à croquer les plantes vertes – et à les régurgiter sur les tapis ! Car, comme nous l'avons vu (lire encadré page 54), l'ail est toxique pour les chats ; ces derniers ne s'y trompent d'ailleurs pas, car ils en détestent l'odeur. Traitez les plantes par pulvérisation sur les feuilles, tous les deux ou trois jours.

PURIN (OU DÉCOCTION) D'AIL

1. Jetez de l'ail haché ou écrasé dans de l'eau bouillante, à raison de 6 gousses d'ail par litre d'eau. Éteignez le feu, couvrez et laisser macérer au moins 12 heures.

2. Filtrez. Le mélange peut être directement pulvérisé sur les plantes.

HUILE D'AIL

1. Faites macérer 20 g d'ail haché (6 ou 7 gousses) dans 20 ml d'huile végétale, environ 24 heures.

2. Ajoutez 1 litre d'eau. Mélangez, puis filtrez la préparation.

3. Placez dans un récipient en verre ou en plastique.

4. Pour le traitement, diluez ce concentré avec 4 fois son volume d'eau, dans un pulvérisateur.

Avec du piment

Plusieurs études font état d'une efficacité renforcée en **alliant ail et piment**. Cette association permet aussi de lutter contre les **chenilles**. Pour obtenir un produit plus puissant, n'hésitez donc pas à ajouter quelques des piments dans la macération.

L'huile essentielle d'ail

Vous pouvez également utiliser comme insecticide de l'huile essentielle, encore plus puissante que les macérations, mais mieux vaut la diluer avant l'emploi, car son odeur est particulièrement tenace. Mieux vaut également en réserver l'usage aux cas rebelles aux autres traitements.

Plus intéressant pour ceux qui possèdent des ruches : l'huile essentielle d'ail est très efficace contre le Varroa (*Varroa jacobsoni*), acarien d'origine asiatique qui sévit en France depuis le début des années 1980, infestant les abeilles adultes et les larves. Pour le combattre, disposez sur le cadre extérieur de chaque ruche (mais pas à l'intérieur) deux languettes de tissu imprégnées de cinq gouttes d'huile essentielle d'ail.

En association avec certaines plantes

Jadis, avant l'invention des pesticides et des insecticides, les jardiniers utilisaient les associations de plantes comme moyens naturels de protection. On en trouve la trace dans des textes chinois du XIIIe siècle. L'ail (et les *Allium* en géné-

Oignon et poireau pour désinfecter les sols

Les propriétés fongicides des alliacées ont été étudiées pour désinfecter les sols destinés aux cultures, avec un certain succès. La recette est simple : il suffit d'enfouir les épluchures et les parties d'oignon et de poireau enlevées lors de la consommation. Mais attention : sur ces terrains, il ne faudra planter ni oignon, ni poireau... ni ail.

ral) fait partie de ces plantes « protectrices ». Aucun miracle là-dessous : les insectes sont simplement incommodés par la forte odeur des alliacées qui, de plus, masque celle des plantes qu'ils aiment. Malheureusement, cela ne marche pas avec toutes les plantes, ni tous les insectes.

Certaines associations semblent cependant donner de bons résultats. Ainsi, il est conseillé de planter de l'ail à proximité des rosiers. Il éloignera les pucerons, mais aussi les taches noires et le mildiou. On dit aussi (mais c'est moins sûr) que, grâce à cette proximité, l'ail produirait de plus gros bulbes.

Planté près des fraisiers, il les protégera des pucerons et des rongeurs. Enfin, si vous le faites cohabiter avec carottes et pommes de terre, l'ail peut les préserver des attaques de nématodes à kystes.

Protection contre les nématodes

Au cours de ses recherches, le professeur Eric Block (voir page 19) a mis en évidence l'effet toxique de l'ail sur les nématodes à kystes qui s'attaquent aux racines et causent des ravages dans les plantations de carottes et de pommes de terre. Il a mis au point un produit naturel efficace, des granules à base d'huile d'ail.

À défaut, il est possible de traiter les sols avec de l'huile d'ail (voir recette page 111) diluée dans l'eau. Mais attention, il existe aussi des nématodes qui s'attaquent à l'ail. Contre eux, évidement l'ail est inefficace !

Contre les mites alimentaires

Si vous n'arrivez pas à vous débarrasser de ces agaçants papillons (et surtout des minichenilles auxquelles ils donnent naissance) qui viennent coloniser et dévorer vos provisions de riz, pâtes et farines, pourquoi ne pas essayer l'ail ?

Dans vos placards, déposez des gousses d'ail non épluchées coupées en deux ou trois, ou des tranches d'ail dans des soucoupes. Renouvelez ensuite toutes les deux semaines. Si cela ne suffit pas (et, malheureusement, c'est souvent le cas !), passez à la vitesse supérieure : videz vos placards et vaporisez du purin d'ail sur les parois (voir recette page 111). Certes, vos placards seront un peu « parfumés », mais le résultat devrait être au rendez-vous.

A priori, cela marche aussi avec les mites qui s'attaquent aux vêtements… mais là, le parfum peut s'avérer plutôt gênant, surtout si les placards sont dans les chambres. Sentir la naphtaline ou l'ail : cruel dilemme. Malgré l'odeur l'ail a tout de même l'avantage de ne pas être nocif pour nous !

Une colle à l'ancienne

Vous avez sans doute remarqué que l'ail coupé collait aux doigts. Eh bien, cette propriété, parfois agaçante en cuisine, a longtemps été utilisée... dans l'art afin de fixer des feuilles d'or et d'argent sur les surfaces peintes sur bois (par exemple icônes, cadres et manuscrits). Il semble qu'on l'ait utilisé également comme agent conservateur (notamment de la colle de peau, dont elle augmente aussi l'adhérence) et pour désinfecter des surfaces à peindre déjà enduites. En ébénisterie aussi, on ajoutait parfois un peu de jus d'ail pour obtenir une colle plus forte. Enfin, au début du XXe siècle, les lunetiers employaient le jus de gousse d'ail pressée pour parfaire le maintien des verres dans leur monture !

La colle à base d'ail

Si vous êtes à court de colle, pensez à l'ail ! Le plus simple : coupez une gousse en deux et frottez une des parties à coller, puis presser. C'est plutôt efficace, mais cela ne fonctionne pas avec tous les matériaux. Mais il est presque aussi facile de fabriquer la « vraie » colle, d'ail, beaucoup plus fiable.

• Pressez plusieurs gousses d'ail pour en extraire le jus.

• Filtrez ce jus (au travers d'un vieux bas, par exemple), en pressant avec les doigts pour exprimer le maximum de jus.

• Cette colle se conserve quelque temps au réfrigérateur. Vous pouvez l'employer pure, ou ajouter un peu d'eau (très peu) pour trouver la bonne consistance avant de l'étaler au pinceau.

Mastic d'ail

Pour coller le verre, par exemple pour faire adhérer une vitre dans un cadre de métal (sous-verre), les verres de montres et de lunettes, votre colle deviendra un mastic.

• Pour commencer, procédez comme pour la colle. Écrasez l'ail épluché, puis filtrez-le en le pressant.

• Ensuite, mélangez ce jus à une pincée de plâtre en poudre très fin. Le mastic doit rester un peu liquide.

Également chez Larousse

Des petits guides à petit prix pour découvrir ou redécouvrir les vertus de produits naturels et toutes leurs utilisations possibles dans les domaines de la santé, de la beauté, de la cuisine ou de l'entretien de la maison.

Chaque ouvrage
128 pages,
11,8 x 15,5 cm,
4,90 €

Et aussi...

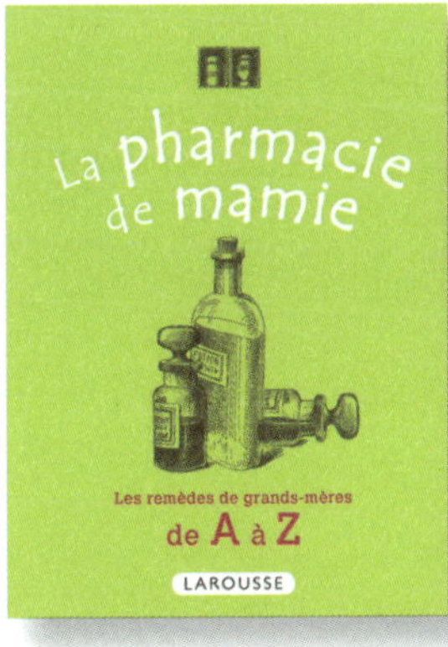

Photogravure IGS-CP, L'Isle d'Espagnac
Imprimé en Espagne par Dédalo, Valladolid
Dépôt légal : mars 2012
308477/01 - 11017290 - février 2012